TUINIEREN

HET HELE JAAR DOOR

PRAKTISCH HANDBOEK

TUINIEREN
HET HELE JAAR DOOR

HANS MARTIN SCHMIDT

DELTAS

Inhoud

Januari

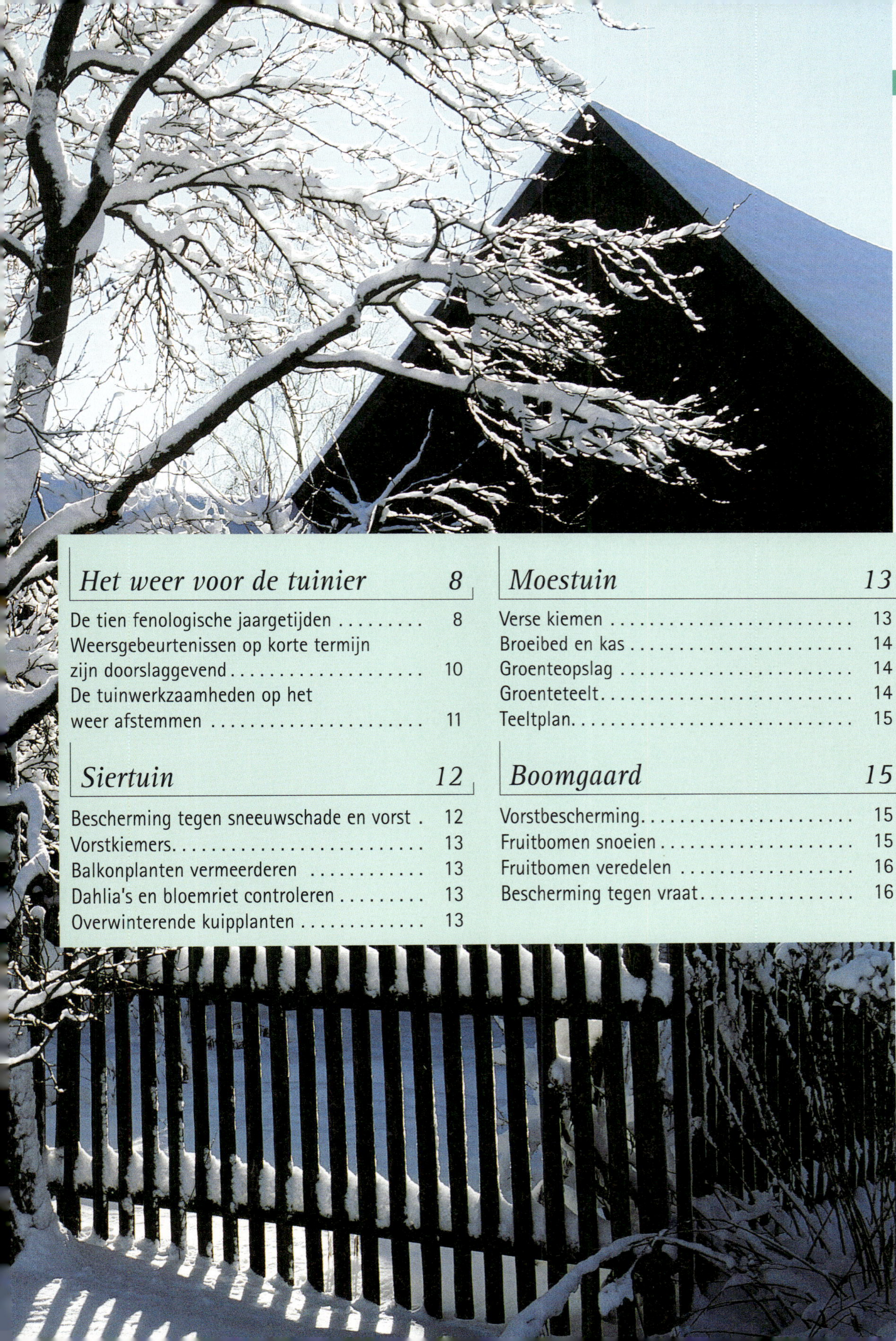

Het weer voor de tuinier 8

Siertuin 12

Moestuin 13

Boomgaard 15

Het weer voor de tuinier

Afhankelijk zijn van het weer is tegelijkertijd de vreugde en kwelling in het leven van de tuinier.

Veel mensen beleven het weer en klimaat pas voor de eerste maal bewust wanneer ze werkzaamheden buiten in de tuin verrichten. Voor de tuin- en landbouw is het allemaal nog eens zoveel belangrijker, omdat hierbij niet alleen weersvoorspellingen op de korte termijn doorslaggevend zijn, maar evenzeer het met zekerheid herkennen van de groeifasen in het verloop der jaargetijden. De blik strak op de kalender gericht houden is voor tuiniers en boeren allesbehalve een geschikt middel om oogstrijk en succesvol het jaar door te komen. Alleen al de regionale verschillen maken dat plausibel.

De **lente** breekt niet overal op precies hetzelfde moment aan. Vooral in het begin van de vegetatieperiode lopen de regionale weersverschillen nog sterk uiteen. **Hartje zomer** vindt weliswaar overal tegelijk plaats, maar de eerste **herfstvorst** verschilt dan weer sterk van streek tot streek. Het vochtige Atlantische klimaat en het droge continentale klimaat bepalen gezamenlijk het weer, met als gevolg dat het weer zelden gedurende langere tijd stabiel is.

Voor de tuinier vormt de kalender van de natuur met de fenologische groeifasen de basis voor zijn werkzaamheden op de volle grond. Deze beweringen berusten op eeuwenlange observaties van de natuur en zijn ons in talloze boerenregels overgeleverd. Wie opmerkzaam door tuin en natuur gaat, stelt vast dat planten ons op de verschillende groeistadia wijzen.

De tien fenologische jaargetijden

De fenologische kalender deelt het jaar in tien verschillende vegetatiefasen of jaargetijden in, die zich slechts zelden punctueel aan de datums van de normale jaarkalender houden. Ook bij de observatie van fenologische weerstekenen moet bedacht worden dat fasen van slecht weer daardoor nog niet voorzienbaar zijn. Eén zwaluw maakt nu eenmaal nog geen zomer.

Het jaar van boeren en tuiniers begint met de **voorlente**. Die kondigt zich aan met de bloei van het sneeuwklokje, de winterakoniet en de hazelaar. Daarmee beginnen ook de jaarlijks terugkerende problemen voor wie aan stuifmeelallergie lijdt. Op de normale kalender valt deze tijd tussen midden februari en midden maart. De voorlente eindigt met de krokusbloei en de bloei van de katjes van de waterwilg en kornoelje.

Tuinkarweitjes in de voorlente zijn het planten en uitzaaien van de eerste groenten als koolrabi, kropsla, spinazie, radijs onder glas en folie of vliesdoek. Van eind maart tot half april volgt met de bloei van de forsythia en het uitlopen van de paardekastanje de **eerste lente.** Belangrijke tuinwerkzaamheden zijn nu het planten van bloemkool, broccoli en kropsla in de broeibak of onder folie, het poten van pootuien en de snoei van rozen en sierheesters, vooral de invriezende halfheesters. Met de perenbloei gaat de eerste

De tien fenologische jaargetijden

Jaargetijde	Maand(en)	Distinctieve planten	Tuinwerkzaamheden
voorlente	feb. – eind maart	bloei: hazelaar, sneeuwklokje, krokus, waterwilg	onder glas: sla en koolrabi planten op de koude grond: spinazie, wortel uitzaaien
eerste lente	eind maart – midden april	bloei: forsythia, bosanemoon, bessen, peer	onder glas: bloemkool, broccoli planten rozensnoei, zomerbloemen zaaien
volle lente	midden april – eind mei	bloei: paardekastanje, peer, appel, framboos, wingerdloof	onder glas: gevoelige groenten zaaien op de koude grond: ongevoelige zomerbloemen zaaien
na de ijsheiligen	midden mei		planten en zaaien, ook van gevoeligere planten
vroege zomer	eind mei – eind juni	bloei: vlier, klaproos, liguster, ridderspoor, jasmijn	op de koude grond: late wortels, winterprei zaaien tweejarige bloemen uitzaaien, uitgebloeide vaste planten terugsnoeien
hartje zomer	eind juni – eind juli	bloei: winterlinde, lavendel, kers rijpe vruchten: kersen	Chinese kool, tweede stambonen uitzaaien fruitbomen – zomersnoei, bessen na de oogst uitdunnen
late zomer	begin aug. – eind aug.	bloei: heide, guldenroede, herfsttijloos rijpe vruchten: vroege appels	haagsnoei, eerste bloembollen planten veldsla, spinazie uitzaaien
vroege herfst	begin sept. – half sept.	rijpe vruchten: vlierbes, rozenbottel, paardekastanje	laatste maal zaaien, lelies, pinksterrozen, maagdenpalmen planten bloembollen planten, laatste maal spinazie uitzaaien
volle herfst	midden sept. – eind okt.	bladkleuring: walnoot rijp: druiven, appel, peer, aardappeloogst	driekleurige viooltjes en vergeet-mij-nietjes planten op eerste nachtvorst letten
late herfst	eind okt. – dec.	bladval: paardekastanje, late appels, late druiven	opslaggroenten oogsten, tuin winterklaar maken, bladmulch aanbrengen, laatste keer gras maaien, overwinteringskwartieren voor tuindieren gereed maken
winter	dec. – feb.	vegetatierust	fruitboomsnoei, kalken, winterbescherming aanbrengen gereedschapsonderhoud, teeltplan, bodemmonsters

De voorlente begint met de bloei van de hazelaar.

lente over in de **volle lente**, die ons nu al een bonte zee aan bloemen bezorgt. In deze periode zijn de **ijsheiligen** (11–14 mei) een belangrijke datum voor de tuinier; in de regel brengen ze met een fase van koud weer de laatste nachtvorst. De intensiteit daarvan verschilt sterk van regio tot regio. Daarna kunnen ook vorstgevoelige planten buiten geplant worden. Wanneer u met het planten van koudegevoelige planten wacht tot deze dagen, ontwikkelen ze zich daarna des te sneller. Is het al vanaf begin mei mooi weer, dan volstaat het dikwijls om de gevoelige planten in koude nachten met vliesdoek of anderszins af te dekken.

In ongunstige jaren volgt op de ijsheiligen de **schaapskoude**. Op ruigere locaties kan het soms dan nog eens tot nachtvorst komen.

Tot juni wensen boeren en tuinders rijkelijke neerslag ter bevordering van een vlotte ontwikkeling van de vegetatie. **Eind juni** (traditioneel wordt dat rond de 27ste gesteld) wordt het weer stabieler. Veel weersregels hebben betrekking op deze datum.

Het **Azorische hogedrukgebied** kan nu weersbepalend worden en bij zwakke ontwikkeling aan zijn randbereik wisselende winden met rijkelijke regen brengen. Neemt het Azorische hogedrukgebied machtige vormen aan, dan hebben we overwegend stabiel, warm zomerweer. Van de andere kant beïnvloedt een stabiel continentaal hogedrukgebied boven Rusland ons zomerweer; het brengt droog en vaak warm weer.

Een andere belangrijke klimatologische factor is het **IJslandse lagedrukgebied**. In de zomer brengt het koel en regenachtig weer, in de winter mild, eveneens vochtig weer.

Weersgebeurtenissen op korte termijn zijn doorslaggevend

Vooral in de overgangsperioden lente en herfst worden de voorzorgsmaatregelen ten aanzien van onze planten bepaald door weersgebeurtenissen op de korte termijn, zoals **nachtvorst**. Met enige ervaring zijn dan onaangename verrassingen te vermijden. Bijzonder gevaarlijk zijn heldere nachten die op mooie, warme dagen volgen. In zulke nachten straalt de bodemwarmte ongehinderd de atmosfeer in en kan daardoor, on-

De minimum-maximumthermometer is een belangrijk hulpmiddel voor tuinierplezier.

danks hoge dagtemperaturen, heel gemakkelijk tot onder het vriespunt dalen.

U moet dan 's avonds absoluut de temperatuur in de gaten houden. Van een speciale minimum-maximumthermometer kunt u de laagste temperaturen 's nachts aflezen. Bij helder weer kan het verschil tussen de avondtemperatuur en minimumtemperatuur 's nachts 5 tot 6 °C bedragen. Bescherming tegen koude met vlies, luchtkussenfolie, stromatten en dergelijke is dan erg belangrijk.

Vooral in de vroege herfst volgen na de eerste nachtvorst vaak weer warme dagen en nachten. Op betrokken, miezerige dagen vertoont de temperatuur een veel vlakkere curve.

Opkomende regenbuien herkennen

Het met zekerheid herkennen van opkomende regenbuien is weliswaar niet eenvoudig, maar kan veel gietwerk in de tuin besparen. Nevel en druppelvorming op de bladranden van verschillende planten (bv. Oost-Indische kers of vrouwenmantel) zijn naast een dalende luchtdruk typische regentekenen. Met het tijdig herkennen van naderend onweer kunnen fragiele kuipplanten als verkleurboom (*Lantana camara*-hybriden) bijtijds onder dak gebracht en kassen en broeibakramen tegen stormvlagen beveiligd worden. Bij **hagel** kan de oogst in de open broeibak gered worden door het raam te sluiten en met luchtkussenfolie of stromatten te beschermen.

Tip

Iedere vorm van grondbewerking mag alleen op droge dagen plaatsvinden, echter wel bij voldoende bodemvochtigheid. Zo wordt de bodemkruimelstructuur die belangrijk is voor een toereikende zuurstofvoorziening van organismen die in de grond leven, niet verstoord.

De tuinwerkzaamheden op het weer afstemmen

Veel karweitjes in de tuin kunnen het best bij passend weer uitgevoerd worden – dat is nu eenmaal zinniger. Enkele voorbeelden:

- Druilerig weer is ideaal om te planten.
- Is de grond niet te vochtig, dan kan er ook gezaaid worden. Bedenk wel dat alleen extreem sterke regen het begieten kan vervangen.
- Kuipplanten acclimatiseren in het voorjaar bij regenachtig weer gemakkelijker dan bij sterke zon.
- Betrokken, windstil, maar droog weer is het geschiktst voor het gebruik van chemische en biologische bestrijdingsmiddelen.
- De koelere en van nachtelijke dauw nog vochtige ochtenduren zijn het geschiktst voor het oogsten van groenten en snijbloemen.
- Oogst medicinale en keukenkruiden bij voorkeur op niet te warme dagen met volle zon.
- Onkruidbestrijding met de hak is op droge, warme dagen bijzonder succesvol, omdat het onkruid dan snel verwelkt en afsterft.
- Huidcontact met verschillende schermbloemigen, bijvoorbeeld berenklauw, kan op zonnige dagen tot levensbedreigende schade aan de gezondheid leiden.
- Hebt u besloten probleemonkruiden met de 'chemische wapenstok' te bestrijden, dan mag het tot enkele uren na de behandeling niet regenen.

Weer en plantenbescherming

De ervaren tuinier kent verschillende plantenziekten en schadelijke ongediertesoorten die zich weersafhankelijk ontwikkelen. Wanneer het in het voorjaar warm is, kan dat bijvoorbeeld tot een explosieve bladluisvermeerdering leiden. Met zachte biologische middelen kunt u die ontwikkeling tot staan brengen of op zijn minst zo lang vertragen, dat de natuurlijke bladluisvijanden de ontwikkelingsvoorsprong kunnen inhalen.

Droge, hete zomers begunstigen vooral op fruitbomen, komkommers, rozen en verscheidene bloemen aantasting door spintmijt. Ook de meeldauwschimmel gedijt onder deze omstandigheden uitstekend.

Grauwe schimmel prefereert koele, vochtige zomers en tast dan vooral sterk gevoelige bloemen en vruchten als aardbeien aan. Ook rot in het loof kan dan aan tomaten en aardappels grote schade aanrichten.

Ook rozen schieten bij miezerig weer beter wortel.

Wat te doen in januari

Wij tuiniers wensen een koude januari met een dikke sneeuwdeken als vorstbescherming voor onze planten. Op nu en dan een inspectieronde na rusten de werkzaamheden in de tuin.
Nu is het de tijd om orde in de gereedschapsschuur te scheppen. Het schoonmaken van potten en kisten, kleine reparaties aan handgereedschap, de controle van de voorraden aan meststoffen, enz. – we kunnen het nu in alle rust klaren.

Siertuin

Groenblijvende heesters en bomen moeten tijdig van zware sneeuwlast ontdaan worden.

Bescherming tegen sneeuwschade en vorst

Na zware sneeuwval moeten naaldbomen en hagen van de overmatige sneeuwlast ontdaan worden. Bind zuilvormig groeiende coniferen, zoals **jeneverbes** en **taxus** in deze vorm, al voor de eerste sneeuwval samen met sterke touwen of banden om de sneeuw geen aangrijpingspunt te bieden.
Koudegevoelige bomen, heesters en vaste planten lijden sterk onder kale vorst. Bescherm ze daarom door een windbestendige bedekking met vlies, stro of loof. **Groenblijvende bladheesters**, zoals **laurierkers** en **rododendron**, beschermt u met vlies dat voor schaduw zorgt of rijshout tegen de catastrofale winterzon. Bij lichte vorst kunnen bomen en heesters nog verplant worden.

Vorstkiemers

Nederlandse naam	Botanische naam	Zaad afdekken	In foliezak	Vorstkiemer (Temp. <0 °C)
Monnikskap	*Aconitum*-soorten	X		X
Voorjaarsadonis	*Adonis vernalis*	X		X
Alpenvrouwenmantel	*Alchemilla alpina*	X		
Sierlook	*Allium*-soorten	X		
Anemonen	*Anemone*-soorten	X		X
Akelei	*Aquilegia*-soorten	X		X
Klokjesbloemen	*Campanula*-soorten	grove zaden	fijne zaden	
Alpenviooltje	*Cyclamen*-soorten	X		
Ridderspoor	*Delphinium*-soorten	X		X
Gentiaan	*Gentiana*-soorten	X		
Nieskruid	*Helleborus*-soorten	X		X
Lis	*Iris*-soorten	X		
Sleutelbloem	*Primula*-soorten	X		
Boterbloem	*Ranunculus*-soorten	X		X
Zeepkruid	*Saponaria pumilio*	X		
Steenbreek	*Saxifraga*-soorten		X	
Huislook	*Sempervivum*-soorten		X	
Soldanella	*Soldanella*-soorten	X		
Viooltje	*Viola*-soorten	X		X

Vorstkiemers

Op milde dagen kunnen vorstkiemers (zie tabel blz. 12) uitgezaaid worden.
Vul daartoe een plat schaaltje of pot, met waterafvoer, met zaai- of verspeengrond en strijk het oppervlak glad. Geef de zaadjes na ze aangedrukt te hebben water en strooi er aarde of grof zand over. Fijne zaden worden niet afgezeefd. Schuif de container in een plastic zak en sluit die af met elastiek of dek hem af met een glasplaat, zodat de vochtigheid op peil blijft. Zet het schaaltje of de pot tot slot bij vorstvrij weer in de koude kas of broeibak.
Hoewel vorstkiemers voor ontkieming temperaturen rond het vriespunt nodig hebben (vandaar hun naam), mogen ze niet aan plotselinge sterke vorst blootgesteld komen te staan. Langzaam afkoelen van de zaden schaadt daarentegen helemaal niet.

Balkonplanten vermeerderen

In de verwarmde kas kunt u beginnen met het vermeerderen van balkonplanten door de eerste stekken van **geraniums**, **fuchsia's** en andere af te snijden. **Gazania's** en **geraniums** moeten nu al gezaaid worden, aangezien ze een bijzonder lange ontwikkelingstijd en net zoals stekken veel licht nodig hebben.

Dahlia's en bloemriet controleren

Controleer opgeslagen dahliabollen en bloemrietwortelstokken (*Canna*) op rotte en schimmelplekken. Verwijder zieke plantendelen direct.
Soms worden bij het binnenhalen in de herfst slakken mee naar binnen gesleept. Ze verraden zich door slijmsporen en afgeschraapte vraatplekken. Daar ze zich op de donkere opslagplaats niet verbergen, kunnen ze gemakkelijk verzameld worden. Zijn er ondanks zorgvuldig zoeken nog altijd sporen zichtbaar, dan helpen al geringe hoeveelheden slakkenkorrels of ferramol.

Overwinterende kuipplanten

Controleer binnengehaalde kuipplanten op bladluis, schildluis en spintmijt aan de onderkant van de bladeren. Al bij een geringe aantasting is nu een scrupuleuze bestrijding met geschikte middelen belangrijk om een sterke uitbreiding bij het uitlopen van de kuipplanten in de komende weken te verhinderen.
Vertonen de planten nu al uitlopers, dan staan ze waarschijnlijk te warm. De nieuwe scheuten ontwikkelen zich nu inferieur.
Snijd ze kort boven de aanzet af. Laat daarbij wel ogen voor nieuwe uitlopers zitten.
Overwinteren kuipplanten op schotels of zelfs in overpotten, dan kan er te bij royaal water geven al snel schade door natheid ontstaan, wanneer de potten te lang in het water blijven staan.
Het is daarom raadzaam vaker, maar dan telkens minder water te geven.

Moestuin

Verse kiemen

De winterse spijskaart laat zich gemakkelijk verrijken met verse kiemen uit eigen productie. Daarvoor zijn speciale kiemsetjes en allerlei zaadjes te koop. **Taugé** (mungbonen), **alfalfa** (luzerneklaver) en **radijs** ontwikkelen zich binnen de kortste keren tot smakelijke, vitaminerijke spruiten voor sauzen en salades. Tuinkers is als alternatief ook makkelijk te kweken op keukenpapier op schaaltjes. Met tweemaal zaaien per week kunt u onafgebroken oogsten.

Verse kiemen zijn in de winter belangrijke vitamineleveranciers.

Broeibed en kas

Ook bij temperaturen onder het vriespunt kunnen in een broeibak of kas onder een vliesbedekking rijpe groenten geoogst worden. Daalt de temperatuur nog verder, dan is een dubbele, gedurende korte tijd ook drievoudige vliesbedekking mogelijk.

Als preventie tegen grauwe schimmel moet het vlies op milde dagen kort gelucht worden, zodat de planten en bedden voldoende kunnen drogen. Op zonnige, sneeuwvrije dagen warmen broeibedden en kassen sterk op; dan dienen ze enkele uren doorgelucht te worden. Tijdig ventileren in de middag houdt de warmte langer vast in de bak en kas.

Bescherm **wintergroenten** als **prei, boerenkool** en **rodekool** met vlies tegen extreem winterweer en vorstschade.

Een broeibak en kas kunt u nog eens extra isoleren met luchtkussenfolie. Een stormveilige bevestiging met sterke elastieken of rubberen banden, die door aangebrachte oogjes getrokken worden, is raadzaam. In tegenstelling tot de traditionele stro- en rietmatten kan de luchtkussenfolie ook overdag over het broeibakraam blijven liggen.

Veeg onverwarmde kassen nu en dan af om sneeuwschade aan de constructie te vermijden. Foliekassen met een buizenframe kunt u tegen de gevaarlijke sneeuwdruk versterken met een balk onder de nokbuis. Leg er stevige planken onder, zodat de balk niet de bodem in gedrukt kan worden – anders heeft de balk immers geen zin.

Groenteopslag

Groenten die u in de kelder opgeslagen hebt, moet u af en toe controleren. Rottend en beschadigd fruit haalt u meteen weg. Houd ingekuilde groenten voortdurend matig vochtig. Op milde dagen kunt u groenten uit de aardhoop halen, maar maak de hoop daarna weer zorgvuldig dicht.

Groenteteelt

In het midden van de maand kunt u met het opkweken van jonge groenteplantjes beginnen. **Vroege geforceerde kropsla** en **geforceerde koolrabi** worden gezaaid. Geschikte rassen voor de vroege teelt van kropsla zijn 'Unico', 'Larissa' en 'Clarion'. Vroege koolrabirassen zijn 'Delicatesse wit' en 'Delicatesse blauw'. Ter verkorting van de kweektijd kan ook **rettich** net zoals koolrabi en sla in kleine potten voorgekweekt worden. Nu zijn de rassen 'April cross' en 'Rex' bijzonder geschikt. De klein blijvende soort 'IJskegel' wordt zoals **radijs** na het planten van de jonge groenteplantjes daartussen gezaaid.

Op zachtere dagen kunt u **peterselie** en **bieslook** in de tuin uitsteken en in een pot in de keuken forceren; zo beschikt u wederom over verse keukenkruiden.

De groenteopslag moet regelmatig gecontroleerd worden ter preventie van schimmelvorming.

In de warme kas groeien al de eerste, vers verspeende slaplantjes op.

Teeltplan

Voor een rijke oogst uit de moestuin is een uitvoerig teeltplan een belangrijke voorwaarde. Het plan lukt echter meestal pas na een paar jaar ervaring opdoen echt bevredigend. Een tuindagboek, waarin u alle cultuurwerkzaamheden als zaai- en planttijdstippen en de eerste oogstdatums van de verschillende groenterijen bijhoudt, verlicht de planning aanmerkelijk. Het is ook raadzaam om alle bemestingsmaatregelen en plantenbehandelingen te noteren, zodat u hun succes beter kunt controleren.

Rond de gegevens in uw **tuindagboek** af met notities over weersobservaties (zie daarvoor ook blz. 10). Daarbij zijn vooral de maximumtemperatuur overdag en de minimumtemperatuur 's nachts belangrijk; met de al eerder genoemde minimum-maximumthermometer kunt u ze gemakkelijk aflezen. Vul de weersnotities aan met aantekeningen over de weerssituatie, bv. zonnig, betrokken of winderig. Ook het noteren van de dagelijkse hoeveelheid neerslag verstrekt belangrijke informatie over het weersverloop. Hoe preciezer u zo'n dagboek bijhoudt, hoe geschikter het wordt als basis voor een teeltplan.

Helemaal volmaakt is het als u de resultaten van de telkens weer genomen grondmonsters correleert aan de getroffen bemestingsmaatregelen en oogstopbrengsten. Dan zult u snel concluderen dat juist in het opzicht van bemesting de helaas veel te vaak gepraktiseerde stelregel 'veel helpt veel' de plank volledig misslaat. Een actief bodemleven maakt de in de grond gebonden voedingsstoffen beschikbaar voor planten.

Boomgaard

Vorstbescherming

Veel winterschade ontstaat niet door vorst, maar door de zon, die ongehinderd op diep bevroren plantendelen schijnt en ze snel verwarmt. Door de hoge temperatuurverschillen in het weefsel barst het aan het oppervlak open en sterft af. Zet ter bescherming tegen vorstscheuren van de schors brede planken tegen de kant van de fruitboomstam waarop de zon schijnt.

Kalken droogt de schors en beschermt tegen vorstscheuren.

Nog beter is kalken. Een kalklaag reflecteert de verwarmende zonnestralen. Maak daartoe de stam met een staalborstel voorzichtig schoon van losse schors, mos en korstmos. Voeg voor een betere hechting wat waterglas of behangersplaksel aan de kalk toe.

De gemakzuchtige tuinier vindt dergelijke kalkmengsels ook kant en klaar in de winkel.

Fruitbomen snoeien

Bij slechts lichte vorst kunt u met de snoei van bomen beginnen. Onervaren fruittelers kunnen het beste vakboeken raadplegen (of een cursus volgen) over de verschillende snoeimethoden en -technieken. Voor het waarborgen van de oogst en het gezond houden van fruitbomen is regelmatig en vakkundig snoeien een van de belangrijkste karweitjes.

Jonge bomen krijgen een **vormsnoei**, oudere een onderhoudssnoei. Met de vormsnoei wordt een kroon gevormd waarin lucht en zon tot in het binnenste kunnen doordringen.

Op milde winterdagen worden de fruitbomen gesnoeid.

Haal steil omhoog groeiende takken weg of leg ze met behulp van gewichten en banden horizontaal. Dat bevordert de vorming van nieuw vruchthout. Te ver naar beneden gedwongen takken stimuleren echter de vorming van waterloten. Let bij alle snoeimaatregelen goed op de groeirichting van het daaropvolgende oog. Voor een ronde en gelijkmatige opbouw van de kroon moet het naar buiten wijzen. Helaas werkt dat niet altijd.

Mocht het dan uitbottende tweede oog of een concurrerend oog uitlopen en zich te zeer naar het binnenste van de kroon ontwikkelen, dan kunt u de nieuwe scheut in de zomer verwijderen tot op het eerstvolgende buitenoog.

De **onderhoudssnoei** beperkt zich in essentie tot het uitdunnen van de kroon, zodat er meer zonlicht het binnenste kan bereiken. Daarbij worden dikwijls hele takken verwijderd. Let er bij het inkorten van te lange takken op te snoeien vóór een uitlopende tak of twijg. Deze al sterk ontwikkelde en in de gewenste richting wijzende twijg neemt heel snel de geleiding van de sapstroom over en onderdrukt daardoor de vorming van zogenaamde waterloten. Smeer snoeiplekken met een doorsnede vanaf ca. 4 cm dicht met kunstschors of een ander wondafdekmiddel.

Bomen met oud hout moeten constant verjongd worden. Daarbij worden van jaar tot jaar oude takken weggenomen en wordt met de krachtigere, jongere twijgen een nieuwe kroon opgebouwd. Een sterkere bloei en grotere vruchtopbrengst zijn het resultaat.

Fruitbomen veredelen

Wilt u individuele fruitbomen veredelen, dan is dit het juiste moment om entrijzen af te snijden. Gebruik daarvoor potlooddikke twijgen van de zonkant van de boom die de onderstam levert.

Kuil de rijzen in zand in of sla ze op een schaduwrijk plekje in de tuin op; zo blijven ze vers tot aan de veredeling in het voorjaar.

Bescherming tegen vraat

Reeën en hazen vreten graag aan de schors van bessenstruiken en fruitbomen. Vooral hazen overwinnen bij grote honger probleemloos ook tuinomheiningen. Vreest u vraatschade, dan kunt u uw fruitbomen en -struiken beveiligen met een mantel van kippengaas. Leg afgesnoeide takken en twijgen buiten de tuin; wellicht nemen wilde dieren daar al genoegen mee.

In oude boomgaarden lopen bomen geen gevaar van wildvraat en hier kan het snoeigoed derhalve onder de bomen blijven liggen.

Februari

Groente uit de tuin

Met een adequaat teeltplan leveren ook kleine moestuinen grote opbrengsten op.

Voor het oogsten van gezonde en telkens weer verse groente is een planning van de teelt en vruchtopvolging een onmisbaar instrument, vooral voor onervaren tuiniers. Al lang voor de eerste werkzaamheden in de tuin moet u de verschillende groentesoorten en -rassen hun bedden toewijzen.

De basis van de planning vormen uw persoonlijke favorieten op de spijskaart. De voorkeur gaat vooral uit naar verse groenten, zoals verschillende slasoorten, en specialiteiten die slechts zelden vers te koop zijn.

Is uw tuin groot genoeg, dan staat vanzelfsprekend niets de uitbreiding van de teelt in de weg. Voor zelfvoorziening met groenten rekent men 40 m^2 per persoon. Voor een huishouden van vier personen komt dat, inclusief 20 % padoppervlak, neer op een areaal van in totaal zo'n 200 m^2, en daarnaast nog eens opslagmogelijkheden voor de oogst. Een zodanig grote moestuin eist uiteraard ook een navenante tijdsinvestering, die niet iedereen zal willen opbrengen. Maar ook aanzienlijk kleinere tuinen kunnen met verse groenten al een belangrijke bijdrage aan de gezonde voeding leveren.

Juiste rassenkeus

De vakhandel biedt een welhaast onoverzienbaar assortiment aan nieuwe en oude rassen van de verschillende groenten aan. Bij de keus dient u in het bijzonder te letten op het weerstandsvermogen tegen uiteenlopende ziekten, de kiemkracht en de klimatologische geschiktheid. Speciale verpakkingen garanderen dat het zaad ook opkomt. De prijs van het zaaigoed mag bij het kopen slechts een ondergeschikte rol spelen. Door het zaaien van geschikte rassen kan de teelt van de diverse groenten gedurende langere tijd gerekt worden. Zo zijn de kropslarassen 'Unico' en 'Larissa' geschikt voor de voorjaarsteelt in de kas of broeibak, gevolgd door 'Reskia' en 'Attraktion' als sla in de vroege zomer. Voor de warme zomermaanden zijn 'Kagraner Sommer' en 'Mirian' heel geschikt, terwijl 'Milan' een ras voor de late zomer en herfst is.

Naast de rasbeschrijving vindt u op het zaadpakje ook aanwijzingen betreffende de ideale zaaitijd en plantafstand.

Groenten voor de tuin

Groentesoort	Teelt in	Rassen	Planttijd	Oogsttijd	Plantafstand	Opmerkingen
Bladgroenten						
Kropsla	broeibak, kas	'Unico', 'Larissa', 'Clarion', 'Siletta'	feb. – april	mei – juli	25 × 25 cm	meeldauwresistente rassen
	folie, vlies	'Reskia', 'Clarion', 'Charan', 'Barbarossa'	maart – mei	mei – juli	25 × 25 cm	meeldauwresistente rassen, 'Barbarossa' is roodbladig
	volle grond	'Meikoniging', 'Attractie', 'Mirian', 'Barbarossa', 'Ultra'	mei – juli	juli – sept.	30 × 30 cm	rassen voor zomerteelt, voor vroege aanplanting 'Meikoningin'
	volle grond, later met vlies	'Milan', 'Mona', 'Rowena', 'Barbarossa', 'Merkur'	juli – aug.	sept. – nov.	30 × 30 cm	bij sterke vorst afdekken met vlies
IJsbergsla	onder glas, folie en vlies	'Saladin', 'Globe', 'Kelly'	maart – mei	mei – juli	30 × 30 cm	vormen meestal zeer grote kroppen
	volle grond	'Saladin', 'Great Lakes', 'Sioux'	mei – aug.	juli – nov.	30 × 40 cm	vormen zeer grote kroppen, 'Sioux' is roodbladig
Andijvie	volle grond, later met vlies	'Malan', 'Ambio', 'Bossa', 'Diva', 'Jeti', Breedhart volhart'	juli – sept.	aug. – dec.	30 × 40 cm	typische zomer- en herfstsla
	volle grond, later met vlies	'Goldherz', 'Fijne krul groen', 'Sally'	juli – sept.	aug. – nov.	30 × 30 cm	krulandijvie voor bonte salades
Pluksla	volle grond	'Salad Bowl', 'Red Salad Bowl'	mei – aug.	juli – nov.	30 × 30 cm	rood- en groenbladige eikenbladsla
	volle grond	'Lollo Bionda', 'Lolla Rossa'	mei – aug.	juli – nov.	30 × 30 cm	rood- en groenbladige pluksla met sterk gekrulde bladeren
Witlof	volle grond, later met vlies	'Monitor', 'Vroege Mechelse'	juli – aug.	sept. – dec.	30 × 30 cm	herfst- en wintersla, licht bittere smaak
Spinazie	onder glas, vlies, volle grond	'Monnopa', 'Winterreuzen'	voorjaar en herfst	okt. – juni	rijenafstand 25 cm	voorjaar- en herfstteelt, direct zaaibaar, goed winterhard
Snijbiet	volle grond	'Lukullus', 'Vulkan', 'Groene snij'	mei	juli – dec.	25 × 30 cm	spinazieachtige groente
Radicchio	volle grond	'Palla Rossa'	juni – juli	okt. – nov.	20 × 20 cm	teelt als andijvie, licht bittere smaak
Veldsla	volle grond, onder glas, vlies	'Groene volhart', 'Vit', 'Elan'	sept. – nov.	okt. – feb.	rijenafstand 10 cm	ideale wintersla
Venkel	volle grond	'Zefa Fino', 'Cantino', 'Sirio'	april – juli	juli – okt.	25 × 25 cm	rauwkost- en kookgroente
Koolgroenten						
Bloemkool	onder glas, vlies, volle grond	'Firstman', 'Alverda', 'Mechelse'	april – juli	juli – okt.	50 × 50 cm	voor voorjaar-, zomer- en herfstteelt, vele nieuwe rassen
Broccoli	volle grond	'Corvet', 'Groene calabrese', 'Marathon', 'Comet', 'Emperor'	mei – juli	juli – nov.	50 × 50 cm	de groene roosjes, die gewassen moeten worden, worden geoogst
Chinese kool	volle grond	'Hongkong', 'Nippon', 'Granat', 'Chorus', 'Blues'	augustus	okt. – nov.	35 × 35 cm	verdraagt geen hitte, vroege en late rassen planten
Paksoi	volle grond	'Joi Choi', 'Pak Choi'	augustus	okt. – nov.	30 × 25 cm	Japanse groente, gebruik als Chinese kool of mangelwortel
Spruitjes	volle grond	'Hilds Ideal', 'Noisette', 'Hossa', 'Groninger', 'Rubin'	juni	okt. – jan.	50 × 60 cm	winterharde wintergroente
Boerenkool	volle grond	'Dwarf green curled', 'Frosty', 'Winterbor'	juni – aug.	okt. – jan.	50 × 40 cm	wintergroente, oogsten na de eerste vorst
Koolrabi	broeibak, kas	'Delicatesse wit', 'Delicatesse blauw'	maart – mei	juni – juli	30 × 25 cm	geforceerde rassen, goede partner van vroege kropsla
	folie, vlies, volle grond	'Lanro' wit, 'Blaro' blauw, 'Superschmelz'	mei – juli	juli – sept.	30 × 30 cm	zomer- en herfstrassen, 'Superschmelz' wordt zeer groot
Wittekool	folie, vlies, volle grond	'Langedijker bewaar', 'Langedijker herfstwitte', 'Roem van Enkhuizen'	maart – juni	sept. – nov.	50 × 50 cm	vroege en middelvroege rassen, staat heel lang
Rodekool	folie, vlies, volle grond	'Langedijker donkerrode', 'Autoro'	maart – juni	sept. – nov.	50 × 50 cm	vroege en middelvroege rassen, staat zeer lang

zie vervolg op volgende blz.

Groenten voor de tuin *(vervolg)*

Groentesoort	Teelt in	Rassen	Planttijd	Oogsttijd	Plantafstand	Opmerkingen
Savooikool	folie, vlies, volle grond	'Marner September', 'Late putjes', 'Wirosa'	maart – juli	sept. – dec.	50 × 50 cm	vroege, middelvroege en late rassen, staat zeer lang
Vruchtgroenten						
Komkommer	volle grond	'Highmark II', 'Corona', 'Gele tros', 'Zeppelin'	mei – juni	juni – okt.	1 plant/m²	grootvruchtige 'Highmark' is de beste inmaakkomkommer
Broeibak-komkommer	broeibak, kas	'Hoffmanns Produkta', 'Girola', 'Bella', 'Sandra'	mei – juni	juni – okt.	1 plant/m²	hebben warmte nodig onder glas
Veredelde komkommers	kas	'Bella', 'Girola', 'Petita'	mei	juni - okt.	50 × 100 cm	pure kaskomkommers voor forceren, hoge opbrengst
Tomaat	volle grond, kas	'Gardeners delight', 'Golden Queen'	mei	juni - okt.	60 × 60 cm	vele vruchtvormen en rassen
Vleestomaat	volle grond, kas	'Amateur', Marmande'	mei	juni - okt.	60 × 60 cm	grote, ronde vruchten
Kerstomaatje	volle grond, kas	'Sweet 100', 'Cherry Bell'	mei	juni - okt.	60 × 60 cm	intensieve smaak, hoge opbrengst
Courgette	volle grond	'Ambassador', 'Diamant', 'Gold Rush', 'Black Jack'	mei	juni - okt.	1 plant/m²	blijvende oogst van kleine vruchten verzekerde hoge opbrengst
Aubergine	kas	'Bambino', 'Halflange violette'	mei	aug. - okt.	60 × 60 cm	heeft zeer veel warmte nodig
Paprika	kas	'Bell Boy' groen/rood, 'Aurora' geel/rood, 'Merit' geel/rood	mei	aug. - okt.	60 × 60 cm	heeft warmte nodig, de eerste bloemen verwijderen
Wortelgroenten						
Radijs	onder glas, vlies, volle grond	'Rode witpunt', 'Chery Bell', 'IJskegel'	maart – sept.	april – okt.	10 × 20 cm	ideale begeleidende groente voor de hoofdcultuur, vele rassen
Rettich	onder glas, vlies, volle grond	'April cross', 'Münchner Bier', 'Lange zwarte winter', 'Aspro'	maart – aug.	mei - okt.	25 × 25 cm	afhankelijk van ras teelt van voorjaar tot winter
Peen	vlies, folie, volle grond	'Parijse Markt' rond, 'Nantaise', 'Fly away'	maart – juli	juli - nov.	rijenafstand 25 cm	afhankelijk van ras teelt van voorjaar tot herfst, lange kiemtijd
Knolselderie	volle grond	'Albaster', 'Monarch'	mei – juli	okt. - nov.	40 × 40 cm	jonge planten tegen vorst afdekken
Rode biet	volle grond	'Rote Kugel', 'Forono', 'Noire d'Egypte', 'Moneta'	mei – juni	okt. - nov.	25 × 30 cm	herfst- en wintergroente
Schorseneer	volle grond	'Verbeterde reuzen'	maart	okt. - nov.	rijenafstand 30 cm	herfstgroente, direct zaaien, losse grond noodzakelijk
Peulvruchten						
Doperwt	volle grond	'Lancet', 'Progress 9', 'Kelvex', 'Markana'	april – mei	juli	rijenafstand 40 cm	takken of palen ertussen steken, zodat de ranken houvast vinden
Stamboon	volle grond	'Maja', 'Odessa', 'Goldjuwel', 'Purple Teepee'	mei – juli	aug. - okt.	rijenafstand 50 cm	teelt per rij, voorcultuur in potten
Stokboon	volle grond	'Bertina', 'Neckarkönigin', 'Blauhilde', 'Zebrina'	mei	juli - okt.	stakenafstand 1,0 × 0,6 m	5-6 zaden/staak, voorcultuur in potten gunstig
Pronkboon	volle grond	'Painted Lady', 'Desiree', 'Butler'	mei	juli - okt.	stakenafstand 1,0 × 0,8 m	5-6 zaden/staak, voorcultuur in potten gunstig
Bolgroenten						
Ui	volle grond	'Stuttgarter Riesen', 'Long Red Florence', 'Brunswijker'	maart	juli – aug.	25 × 10 cm	als pootui kopen en poten
Ui	volle grond	'Noord-Hollandse strogele', 'Superba', 'Noord-Hollandse bloedrode'	febr. – maart	juli – aug.	rijenafstand 25 cm	als zaaiui uitzaaien
Ui	volle grond	'Senshyu Yellow', 'Grote witte'	aug. – sept.	maart – mei	rijenafstand 25 cm	winterui voor overwintering op het bed
Prei	volle grond	'Bavaria', 'Hannibal', 'Blauwgroene winter', 'Titan'	mei – juni	okt. - maart	30 × 15 cm	diep planten of later aanaarden

Een groentebed aanleggen

Een plattegrond van de tuin vergemakkelijkt de planning.

> De bedden zouden 1 tot 1,20 m breed moeten zijn, de tussenliggende paden 30 tot 40 cm breed.

Bij voldoende grootte kan de tuin door gekruiste paden verdeeld worden. Dat schept voldoende ruimte voor het gebruik van een kruiwagen en levert een indeling in **vier percelen** op, zoals we die ook in de klassieke boerentuin aantreffen. Zo wordt op de gemakkelijkste manier rekening gehouden met de uitlopende voedingsstofbehoeften van de moestuin.

> 1: sterke verbruikers
> 2: gemiddelde verbruikers
> 3: zwakke verbruikers
> 4: gewassen met een lange standtijd en culturen zonder vruchtwisseling

Voedingsstofbehoeften van diverse groentesoorten:

Zwakke verbruikers: ui, boon, erwt, veldsla, spinazie, kropsla, wortel, radijs, postelein
Gemiddelde verbruikers: rammenas, tomaat, komkommer, prei, koolrabi, venkel
Sterke verbruikers: alle andere koolsoorten, selderie, aardappel, rode biet, pompoen
Van jaar tot jaar schuiven de geteelde groentesoorten telkens één kwartier op, zodat de gemiddelde de sterke verbruikers en de zwakke de gemiddelde opvolgen (wisselbouw). Voor de sterke verbruikers wordt het perceel bemest met een gift gecomposteerde stalmest (zie bemesting, blz. 47). Een grondonderzoek (zie blz. 45) informeert over de behoefte aan meststoffen van de afzonderlijke kwartieren.
Bedden waarop blijvende gewassen geteeld worden, sluiten eenmalig bij deze wisselbouw

Suggestie voor een beddenverdeling. ① Sterke verbruikers, vers bemest, daarop volgen de gemiddelde ② en zwakke verbruikers ③. In ④ staan de blijvende gewassen.

aan. Zo wordt automatisch rekening gehouden met de voor een rijke oogst en het gezond blijven noodzakelijke vruchtwisseling. Teken de bedden in op de tuinplattegrond en verdeel ze in afzonderlijke maandstukken. Op de koude grond van maart tot november, in de broeibak en kas van januari tot december. Kopieer de plattegrond, zodat u met de planningsvarianten kunt spelen.
Hoofdgewassen met een lange standtijd, zoals kropslarassen, selderie en stokbonen, vormen het geraamte van het teeltplan. Wanneer ze hun plekje toegewezen hebben gekregen, worden ze door **voor-** en **nagewassen** aangevuld. Daarvoor zijn snelgroeiende groenten als sla, radijs en spinazie geschikt.

Vruchtwisseling waarborgt een goede opbrengst

De hoofdgewassen kunnen ook als basis voor de vruchtwisseling dienen. Staan dezelfde groentesoorten twee jaar of langer in hetzelfde bed, dan leidt dat tot een eenzijdig verbruik van voedingsstoffen. Ziekten en aantasting door schadelijk gedierte zijn het logische gevolg. Om dat te vermijden, mag u groentesoorten van dezelfde familie elkaar nooit laten opvolgen. Op z'n vroegst is dat pas weer mogelijk na drie jaar. Bij de teeltplanning moet u daar rekening mee houden.

Leden van belangrijke plantenfamilies zijn:

Peulvruchten: boon, erwt
Schermbloemigen: selderie, peterselie, dille, venkel, wortel
Samengesteldbloemigen: sla, witlof, schorseneer, andijvie
Nachtschadefamilie: tomaat, aubergine, paprika, aardappel
Leliefamilie: prei, ui
Ganzevoetfamilie: spinazie, rode biet, mangelwortel
Valeriaanfamilie: veldsla

De teelt van sommige groenten, zoals aardappel, prei en struikboon, verbetert de kruimelstructuur van de bodem. In jonge of verwaarloosde tuinen kunnen ze de rijpheid van de bodem bevorderen. Laat ongebruikte bedden op krachten komen onder een groenbemesting (zie blz. 129).

De cultuurduur

Een andere belangrijke grootheid bij de teeltplanning is kennis van de juiste teelttijd en de duur van de cultuur. Daarbij speelt ook het klimaat een grote rol. In een beschutte omgeving kan meestal al iets vroeger geplant en gezaaid worden dan op het zaadpakje staat aangegeven. Op rauwere locaties is dat vaak pas enige tijd later mogelijk. Gevoeligere groentesoorten gedijen daar soms alleen onder bescherming van een broeibak of in de kas. Kweekt u de jonge plantjes in huis of onder glas voor, dan kunnen de tuinbedden in deze tijd nog voor andere gewassen gebruikt worden. Hebben de plantjes zich voldoende ontwikkeld, dan groeien ze ook onder ongunstige omstandigheden snel en zeker op. Op deze plaats dient overigens wel afgevraagd te worden of het kopen van jonge planten niet lonender is dan het tijdrovende opkweken van groentegewassen uit zaad.

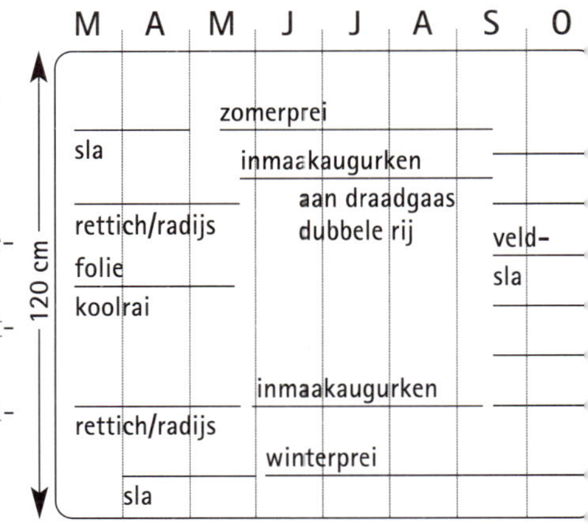

Voorbeeld van een teeltplan en planningshulp voor het eigen teeltplan (leg er transparant papier over en neem het enkele keren over).

> Bij kwekerijen en tuinbedrijven kunt u meestal de nieuwste rassen kopen en u over de geschiktheid en teelteisen ervan laten voorlichten.

Mengcultuur

Een mengcultuur kan de totale opbrengst van de moestuin vergroten. Deze methode combineert elkaar positief beïnvloedende gewassen in één bed.
Vanzelfsprekend moeten de individuele planten voldoende

Aardbeien en bieslook, twee lang staande gewassen, die elkaar in een mengcultuur goed aanvullen.

ruimte hebben om zich te kunnen ontwikkelen. Anderzijds valt te bedenken dat een mengcultuur een exacte teeltplanning bemoeilijkt, aangezien de verschillende ontwikkelingsstadia op een en hetzelfde bed staan. Een nog onervaren groenteteler doet er beter aan zich te beperken tot een klein aantal groentesoorten per bed. Daar de realisatie van een teeltplan door externe factoren als het weer, de bodemtoestand en 'tuiniervaardigheid' wordt beïnvloed, vraagt het om een flinke portie ervaring en het zal dan ook slechts zelden meteen al bij de eerste poging lukken. Maar daarmee is nog geen man overboord.

Geschikte partners voor mengcultuur:

selderie – bloemkool
selderie – tomaat
tomaat – kropsla
kropsla – radijs
radijs – struikboon
late wortel – prei
prei – aardbei

Nieuwe groentesoorten, die u eens zou moeten proberen:

Aubergine (eierplant)
warmtebehoevende groente voor de kas. Planten vanaf midden mei, oogsten vanaf augustus. Belangrijke verzorgingstip: slechts 3-4 vruchten laten uitrijpen.

Suikermeloen
warmtebehoevende pompoengroente. Planten vanaf midden mei, oogsten eind juli. De hoofdscheut na drie blaadjes afsnoeien, zodat de zijscheuten beter vrucht dragen; slechts 4-5 vruchten laten rijpen.

Aziatische sla
verschillende groentesoorten, waarvan het blad als pluksla geoogst en bereid wordt. Vanaf midden mei direct in de koude grond zaaien.

Nieuw-Zeelandse spinazie
heeft eigenlijk weinig met spinazie te maken. Het is een goede bodembedekker tussen tomaten; kan heel de zomer geoogst worden.

Vlies, folie en broeibak

Een belangrijke opbrengstvergroting bereikt u met het gebruik van **geperforeerde folie** en **vliesdoek** als bescherming tegen koude. Daarmee kunnen het planten en oogsten enkele weken vervroegd worden. Of omgekeerd stellen ze in de herfst de oogst uit.

De aubergine (of eierplant), een uit de mediterrane keuken bekende groente, kan ook bij ons gekweekt worden.

Tip

Vooral bij de slasoorten zijn de laatste jaren een heleboel nieuwe, ook roodbladige rassen gekweekt, waarvan de teelt een poging waard is. Ze zijn niet alleen smakelijk, maar brengen ook kleur in het vaak eentonig groene groentebed.

Smakelijk – sla in verschillende bladvormen en -kleuren uit de eigen tuin.

Vliesdoeken die over de gewassen uitgespreid worden, waarborgen ook in de broeibak en kas een extra bescherming tegen kou.

Wintergroente zoals veldsla in de **broeibak** kan dan haast heel de winter door geoogst worden. Kropsla die midden maart in de broeikak geplant wordt, is half mei oogstrijp, daartussen gezaaide radijs is al begin mei klaar. Wordt de radijs tijdig geoogst, dan heeft de sla voldoende ruimte om zich verder te ontwikkelen, precies op tijd om komkommer of courgette na te planten. Zijn die in de herfst na de eerste vorst bevroren, dan kan veldsla, spinazie of postelein volgen en onder bescherming van de broeibak en het vlies tot volgend jaar maart geoogst worden.

Bouw van een broeibak

Broeibakken verlengen de gebruiksmogelijkheden van de tuin aanzienlijk en verzekeren een oogst heel het jaar door.

Allereerst moet de optimale plaats uitgekozen worden. Een zonnig, vrij vlak is ideaal; het waarborgt een snelle opwarming en een goede beluchting.

> Voor een gezin volstaat een broeibak met 3-4 ramen, wat neerkomt op een oppervlak van 1,5 x 3-4 m.

Eenruiters met dubbele glasplaten zijn wijdverbreid. De platen hebben een standaardmaat van 144 x 46 cm; dat geeft samen met het kozijn een grootte van 150 x 100 cm voor het broeibakraam (ook wel bovenlicht genoemd). Een alternatief zijn houten kozijnen met kunststofplaten van plexiglas of hard pvc. Ook hier is het raadzaam om de afmetingen van de bak aan te passen aan de standaardmaten van de platen. Houten vensters met kunststofplaten zijn lichter dan stalen vensters, maar zijn minder duurzaam.

Het eenvoudigst en snelst is een broeibak te maken van houten planken. Een wanddikte van 25-30 cm is daarbij raadzaam. Voorts is het verstandig de kast rondom ca. 10 cm in de grond te verzinken. Veranker de bak in de bodem met houten balken in de hoeken en bij grotere bakken om de twee meter tegen de lange zijden.

De ideale bak is aan de zuidkant 20 cm en aan de tegenoverliggende kant 30 cm hoog. Het bovenlicht loopt daardoor wat af zodat licht en zonnewarmte optimaal benut kunnen worden. Ook regenwater loopt er goed af. Monteer aan de lage zijde aanslagen van houten latjes of metalen profielen voor het bakvenster, zodat het goed kan steunen. Zet om de bak te luchten aan de hogere kant paaltjes van ca. 20 cm tussen bak en vensterkozijn. Bij koeler weer volstaat het vaak om ieder tweede venster te luchten. De bak kan met een stromat of luchtkussenfolie tegen sterke koude afgedekt worden. De transparante folie kan overdag op de ramen blijven liggen. Als bescherming tegen de koude kunt u in de bak een vliesdoek direct over de planten leggen.

Als bescherming tegen de zon zijn schaduwmatten verkrijgbaar. Een goedkoper alternatief is kalk, leem of meel, in water opgelost als schaduwverf.

In een zo perfect gebouwde broeibak is het kweken van jonge planten een peulenschil.

Wat te doen in februari

Volgens oude weerregels zou februari koud en stormachtig moeten zijn om spoedig een warm voorjaar te laten volgen. De zon begint sterker te schijnen. Sinds de winterzonnewende zijn de dagen 1 tot 1 1/2 uur langer geworden.
In december en januari verschijnen de nieuwe catalogi van zaadhandelaren en tuinderijen. We benutten de rustige tijd met het grondig bestuderen van de catalogi. Aanvullend kunnen we ons bij het kopen van zaaigoed in de vakhandel uitvoerig laten adviseren.

Siertuin

Heesters en hagen verjongen

Bij matige vorst kunt u beginnen met het verjongen van de in de zomer bloeiende sierheesters en hagen. Daar deze heesters alleen op relatief jong hout goed bloeien, is om de twee tot drie jaar terugsnoeien raadzaam.
Verwijder met de takkenzaag of -schaar de oude takken en twijgen die minder goed willen bloeien. Een te beperkte snoei, waarbij de scheuten maar weinig ingekort worden, leidt bij de struik tot de vorming van een lelijke bezem.

Oude, bloeimoe geworden struiken zoals deze boerenjasmijn *(Philadelphus)* verjongen we door oudere scheuten dicht bij de grond af te knippen (kleine foto). Zo krijgen de nieuwe scheuten volop licht en lucht.

Snoei ofwel direct boven de grond, ofwel boven krachtige nieuwe scheuten. Let daarbij op de natuurlijke groeirichting (habitus) van de individuele heesters en struiken.
De in het voorjaar bloeiende heesters (bv. forsythia) snoeit u pas na de bloei, omdat een snoei op dit tijdstip een groot deel van de bloemen mee weg zou nemen. Is terugsnoeien van bloeiende scheuten niet te vermijden, dan kan dat echter gerust gebeuren.
De gesnoeide twijgen van forsythia, sieraalbes, berk, kers, spirea, enz. kunnen als voorjaarsboden in een ondoorzichtige vaas gezet worden. Sla kort en licht met een hamer op de snoeiplaatsen van de takken. Door de zo opengeritste snoeiplekken kan de verhoute twijg meer water opnemen. De ontwikkeling in de vaas kunt u nog eens bevorderen door de tak in heet water, met daaraan toegevoegd een flinke snuf suiker, te zetten.

Balkonplanten uit stekken kweken

In de verwarmde kas of op de vensterbank kunt u tegen het midden van de maand beginnen met het zaaien van balkonplanten met een langere ontwikkelingstijd. Heliotroop, vuursalie, lobelia, ijzerhard en vlijtig liesje behoren daartoe. De in januari genomen stekken zijn inmiddels gegroeid en kunnen naar grotere potten verpot worden. Van andere soorten kunt u ook nog meer stekken afsnijden. Nadat ze in de pot opgeschoten zijn, moeten de perk- en balkonplanten getopt worden. Knijp voorzichtig met de vingers de groeitop van de hoofdscheut of breek hem weg. Dat bevordert de vorming van zijscheuten en geeft mooie, bossig-compacte planten. Hebt u nog te weinig bewortelde stekken, dan laat u het toppen achterwege en snijdt u de groeiende hoofdscheut bij voldoende lengte af als tweede stek. Breek de toppen van de zich ontwikkelende zijscheuten eveneens weg. Tot midden maart kunt u dit karweitje regelmatig herhalen om compacte planten te verkrijgen.

Afdekken met folie beschermt de vers genomen geraniumstekken tegen te sterke verdamping.

Voorjaarskuur voor kuipplanten

Kuipplanten die overwinterd hebben, worden nu verpot, vers bemest en teruggesnoeid. Wanneer u meststoffen met een lange werkingstijd gebruikt, is het raadzaam om de datum van bemesten op te schrijven of in het dagboek te noteren. Het beste kunt u nu ook meteen op de kalender noteren wanneer het in de zomer tijd is voor een nabemesting.
Controleer alle planten in de kas op schadelijke dieren, vooral bladluizen, en maak er zo nodig korte metten mee.

Moestuin

Tuinbouw is een kwestie van ervaring

Het tuindagboek (zie blz. 15) blijkt nu bij het kopen van zaaigoed voor het nieuwe tuinjaar nuttige diensten te bewijzen. Hebt u vorig jaar alles goed bijgehouden, dan kunt u snel vaststellen welke soorten en rassen het goed gedaan hebben, welke nog een kans krijgen en welke voor uw klimaat- en tuinomstandigheden ongeschikt zijn en afvallen.

Controle van kiemkracht

Controleer oude zaden op hun kiemkracht door enkele zaden op een stuk vochtig keukenpapier te zaaien en onder kiemomstandigheden een week of twee te observeren. Kiemt het zaaigoed niet, dan kan het zo de composthoop op. Zaden met een zeer korte 'levensduur' zijn schermbloemigen als selderie, venkel, peterselie, wortel en leliegewassen als prei en ui. Na 1 tot 2 jaar kiemen ze al niet meer. Het zaaigoed van pompoengewassen, zoals meloenen, pompoenen, komkommers en aubergines, blijft daarentegen met 4 tot 6 jaar heel lang goed.

Groente zaaien

Planten voor de volgende koolrabi- en slateelt worden uitgezaaid. Gebruik dezelfde rassen als in januari, alleen komt er nu bloemkool bij. Heel geschikt voor teelt door het jaar heen zijn de rassen 'Mechelse' en 'All Year Round'.

De in januari gezaaide groenten zijn inmiddels ontkiemd en moeten nu verspeend worden. Steek de kleine plantjes met behulp van een verspeenstokje tot aan de kiembladeren in de aarde en breek te lange wortels af. Geschikte verspeencontainers zijn multipotplaten met een potdiameter van 3-5 cm. Daardoor ontwikkelen de kiemplanten stevige kluiten, die gemakkelijk te planten zijn. Gebruik als substraat verspeen- of zaaigrond.

Groenteteelt in de broeibak

Dek open koude bakken met vensters af, zodat ze alvast kunnen opdrogen voorafgaande aan het losmaken van de bodem later. Voor vroege groenterijen kunt u een biologische broeikasverwarming inschakelen; daarbij wordt de rottingswarmte van mest, het beste paardenmest, gebruikt.

Ga als volgt te werk: graaf allereerst de bak ca. 50 cm diep uit. Breng een ca. 30 cm dikke laag paardenmest aan en trap die stevig aan; geef te droge mest tot besluit flink water. Hebt u nog herfstbladeren ter beschikking, dan brengt u direct op de mestlaag een ca. 5 cm hoge tussenlaag van blad aan. Daarop volgt een ca. 20 cm dikke aardelaag van verteerde compost of broeiaarde, zodat tussen aarde en bakvenster nog ongeveer 20 cm lucht overblijft. Dek tot slot de ramen van de bak af met stromatten of luchtkussenfolie.

Overtollige aarde van het uitgraven kunt u door de tuinbedden werken. Binnen enkele weken ontwikkelt zich een aangename bodemwarmte. Een mest- of bladverpakking rond de broeibak isoleert nog eens extra. Lucht de bak voor ingebruikneming goed, zodat de zich aanvankelijk vormende ammoniakgassen kunnen ontsnappen.

Tip

Zwarte, met water gevulde plastic slangen nemen de warmte van overdag op en slaan die op voor de nacht. Een vliesbedekking direct op de vers geplante planten beschermt tegen lage nachttemperaturen.

Daarna kan de bak met de eerste kropslaplanten beplant worden. Probeer er daarbij op te letten de slaplanten niet te diep te zetten teneinde slarot te vermijden.

Hebben de jonge planten een stevige wortelkluit ontwikkeld, dan drukt u ze slechts licht in de grond. Koolrabi, rettich en radijs passen er als mengcultuur goed bij. Plant kool en rettich tot aan de kiembladeren in de aarde.

Een thermometer in de broeibak informeert over de temperatuur. Stijgt de temperatuur in de bak boven 20-22 °C, dan moet er gelucht worden.

Tijdig ventileren houdt de warmte in de bak.

De schade die door galmuggen aan de rankknoppen van aalbessen aangericht wordt, wordt rondknop genoemd. De knoppen zwellen wanstaltig op en sterven af.

Vruchtrot *(Monillia)* plaagt steenvruchtsoorten. Al in de vroege zomer zijn dan de verdroogde bladeren en vruchten (mummies) aan de scheuttoppen te zien.

Boomgaard

Bessenstruiken uitdunnen en controleren

Al in het begin van de maand moeten de bessenstruiken kritisch onder de loep genomen worden. Mochten ze in de zomer na de oogst niet uitgedund zijn, dan moet dat nu ingehaald worden. Aangezien u de loten direct boven de grond afsnoeit, is een milde dag zonder sneeuw ideaal.

Zijn de takken van de kruisbes door Amerikaanse kruisbesmeeldauw aangetast, dan snoeit u tot diep in gezond hout af en gooit ze weg.

Door aalbesmijt aangetaste knoppen herkent u aan hun opgeblazen vorm. Breek ze weg en geef ze eveneens met het huisvuil mee.

Bij sterke aantasting snoeit u de hele loot.

Fruitbomen snoeien en verdelen

De fruitboomsnoei kan voortgezet worden. Bomen die u voor veredeling wilt gaan gebruiken, snoeit u nu bijna tot op de veredelingsplaats terug. De definitieve snoei volgt pas direct voor de veredeling. Het nu alvast terugsnoeien provoceert een sapstuwing en vorming van wondhelende stoffen, wat het aangroeien van de entrijs bevordert.

Tegen het eind van de maand kunnen ook vorstgevoelige fruitbomen en -struiken als wijnstok, braam, abrikoos en perzik gesnoeid worden. Bij te sterke vorst zouden hun loten na de snoei nog verder terugvriezen,

Steenvruchtsoorten, vooral morel, kers, abrikoos en perzik, controleert u zorgvuldig op door *Monilia* (vruchtrot) aangetaste takken. Deze ziekte blijkt uit kleverige, omlaag hangende bladeren. Snoei zieke takken tot op meerdere centimeters in gezond hout radicaal af. Verbrand de takken of geef ze met het huisvuil mee.

Fruitopslag controleren

Een belangrijk werkje in de fruitopslagplaats is het voortdurend controleren van de vruchten, waarbij rottende en gekneusde vruchten meteen verwijderd worden. Uitvoerig luchten op milde dagen houdt het fruit vers.

Maart

Een nieuwe lente...

De lente trekt door het land. Bloeiende bloembollen en sierappels brengen kleur en leven in de tuin.

Bij de oude Romeinen begon het jaar met de maand maart, als teken van de beginnende activiteit bij dier en plant. Wie zich ook maar iet of wat met de natuur en tuin bezighoudt, merkt heel snel dat maar heel weinig dingen daadwerkelijk volgens de kalender verlopen. Zo wordt het ontwaken van de natuur uit de winterslaap zeer sterk bepaald door de weerssituatie die op dat ogenblik overheerst. Maar ook al komt de winter er telkens weer tussen met sneeuw en ijzel, dan nog rukt de lente onstuitbaar op.
In de broeibak en kas merken we de kracht van de zon en de lengende dagen al duidelijk. Ook in de tuin begroeten de eerste bloemen als sneeuwklokje, krokus en winterakoniet de nakende lentetijd. In alle hoeken en gaten bereiden flora en fauna zich voor op de nieuwe groeiperiode.

Lente in de broeibak en kas

Ook bij de tuinier begint het te jeuken, want eindelijk kan hij dan de in de voorgaande weken gemaakte plannen gaan realiseren. Groenbemesting, in de late zomer en herfst op de vrije bedden gezaaid, is nu bevroren en al deels vergaan. Graaf de grovere plantendelen in de bedden in; zo wordt de bovenste grondlaag meteen losgemaakt. Dek aansluitend de koude bakken af met vensters, zodat de bodem kan opwarmen. Tegen het eind van de maand is het dan ook alweer tijd om daarop de eerste groenten te planten of in te zaaien.
Ook in de broeibak is het nu tijd om de eerste groenten te planten of jonge planten uit zaad op te kweken. Houd voor koude nachten beschermende matten van stro of luchtkussenfolie gereed om de broeibak eventueel extra tegen vorst af te schermen.
Met water gevulde, zwarte plastic buizen slaan de warmte van overdag op en zorgen daardoor voor hogere nachttemperaturen. Met deze methode kan de oogst ten opzichte van planten die onder vlies of folie gehouden worden, vervroegd worden.

In de kas heerst al grote bedrijvigheid, vooral wanneer ze met een betrouwbare verwarming uitgerust is. Daar kunnen nu al de eerste bloemen gezaaid worden.

Balkon- en kuipplanten

Als u balkonplanten hebt laten overwinteren, moet u ze nu verpotten en bemesten. Bij voldoende ruimte kunt u ook al direct in de bakken en schalen planten, die dan na de ijsheiligen buiten gezet worden. Wilt u de aanwezige bloeiende planten in mei aanvullen met nieuwe, dan graaft u een lege bloempot op de daarvoor voorziene plaats in de grond in; daarmee is het plekje voor de aardkluit van de nieuwe plant alvast veiliggesteld. Ook kuipplanten en boompjes worden nu verpot en vers bemest.

Wilt u er zeker van zijn dat uw overwinterende balkonbloemen en kuipplanten in mei tijdig in bloei komen, dan hebt u tegen het midden van de maand de laatste gelegenheid om terug te snoeien. Bij het kortwieken is het belangrijk alle scheuttoppen weg te nemen om met een krachtig forceren ook het aantal bloemen te vergroten.

Zijn de gesnoeide loottoppen groot genoeg, dan kunt u er stekken van nemen, die in het voorjaarszonnetje snel wortels ontwikkelen.

Een bloembak met voorjaarsbloeiers siert het huis al in maart/april.

Voor balkonbloemen en kuipplanten zijn speciale grondmengsels te koop, die op de bijzondere behoeften van deze planten zijn afgestemd. Ze waarborgen een voldoende water- en meststoffenopslag en bezitten tegelijkertijd een grote structuurstabiliteit. Om onze veengebieden te sparen kiezen we voor aarde die helemaal geen of slechts weinig turf bevat.

Terugsnoei

... van vaste planten

Als u vorig jaar de gebruikelijke grote herfstschoonmaakbeurt achterwege hebt gelaten teneinde planten en dieren in de tuin een natuurlijke winterbescherming te bieden, kunt u nu de sporen van het afgelopen jaar opruimen. Snoei om te beginnen de afgestorven of bevroren bloeiwijzen van grassen en vaste planten terug. Kam daarna de bosjes gras (zwenkgrassoorten) met de vingers uit om zo de afgestorven bladeren te verwijderen.

Gevoeligere tuinplanten, zoals pampasgras, agapanthus, enz., die u in de herfst stevig ingepakt hebt tegen de vorst, moeten soms al in het begin van de maand uit hun jasje bevrijd worden om rotten te voorkomen.

Aangezien het rond deze tijd nog altijd flink kan vriezen, is het raadzaam om grote, stevige kartonnen dozen of kisten gereed te houden en 's nachts over de planten te zetten.

Het uitpakken geldt nu ook voor de vaste perken en borders, die u in de herfst met een bladerdeken gemulcht hebt. Onder een dergelijke deken doorstaan vaste planten de hardste vorst onbeschadigd. De zich nu

Bij vaste planten en kruiden worden nu de niet meer uitbottende, bevroren plantendelen afgesnoeid.

vormende uitlopers moeten echter ongehinderd naar het licht kunnen groeien. Bevrijd de uitlopende planten derhalve van hun mulchdeken en verwijder meteen de oudere bladeren van vorig jaar.

Laat een dunne laag bladeren op de bodem achter als nieuwe mulchdeken. De bladeren worden door organismen in de bodem afgebroken.

Soms zult u bladeren vinden die opgerold recht in de grond steken. Ze zijn door regenwormen hun gangen in getrokken en worden nu langzaam opgegeten – een onbedrieglijk teken van grote bodemactiviteit.

... van sierheesters

Ook het terugsnoeien van sierheesters staat nu op het programma. Maart en april zijn daar de tijd voor. Bij de zogenaamde halfheesters of halfstruiken, zoals hortensia en zomersering, die slechts deels houtige loten vormen, worden de bevroren twijgen teruggesnoeid op krachtige ogen. De bloemvorming van in de zomer bloeiende *Clematis*-soorten en andere klimplanten bevordert u door ze terug te snoeien.

Forsythia- en sieraalbestakken kunnen al na de eerste sterke vorst in de winter afgesneden en in de vaas als wintertakken geforceerd worden. Met het verse groen van in de vaas geforceerde waterwilgkatjes, berk, kers en kastanje ontwaakt de lente ook in huis. Als u de vers afgesneden takken in heet suikerwater zet, zullen de bloemen zich heel snel en sterk ontwikkelen.

In principe geldt bij het terugsnoeien van sierheesters dat zich aan jonge loten versterkt bloemen vormen. Daarom is het raadzaam om sterk verhoute scheuten niet in te korten, maar compleet vanaf de basis weg te nemen.

De terugsnoei dient de soorttypische groeiwijze (habitus) van een struik of heester in stand te houden en mag niet tot een ongewenste bezemvorming leiden. Dat vergt echter wel enige oefening.

Het is daarom aan te bevelen om naast het bestuderen van boeken over dit onderwerp ook een snoeicursus te volgen, bijvoorbeeld bij een tuinbouwvereniging.

Rozen planten, snoeien, verzorgen

De ideale grond voor rozen bevat leem of klei. Om ons met hun pracht te verheugen wensen ze lichte, goed beluchte standplaatsen in de volle zon. Om jaren plezier van rozen te hebben, moet u al voor het planten op een aantal zaken letten.

Maak bij de nieuwe aanleg van een rozenperk de grond diep los. Geef geen turf, want turf werkt de gewenste lemige condities tegen. Meng er in ieder geval wel een flinke compostgift doorheen. Bijzonder geschikt is rottende, strobevattende stalmest, die u na de grondbewerking oppervlakkig ca. 10 cm diep inwerkt.

Zorgvuldig terugsnoeien van de wortels bevordert nieuwe uitlopers.

Vóór het eigenlijke planten volgt de zogenaamde **plantsnoei.** Daarbij worden de roosloten tot op 2-3 ogen teruggesnoeid en de zwakke loten compleet verwijderd, zodat voor het planten 2-4 krachtige, ongeveer 5-10 cm lange loten blijven staan. Kort ook de wortels in om een evenwichtige verhouding tussen loten en wortels te krijgen.

Speciale aandacht vraagt de vorstgevoelige **veredelingsplaats**, de 'overgang' van wortels naar loten. Bij het planten moet de veredelingsplek ca. 10

Op de lootaanzet is de veredelingsplek duidelijk te herkennen.

cm in de grond komen. Dat verhindert vorstschade en maakt aanaarden in de herfst overbodig. Geef rozen met naakte wortels, dat wil zeggen zonder kluit, vóór het planten rijkelijk water door ze minstens een uur in een teil met water onder te dompelen.

Door te mulchen na het planten, bijvoorbeeld met oude stalmest,

De veredelingsplaats komt bij het planten één handbreedte in de grond.

stro of grasmaaisel, vormt zich een prima deken, waaronder de rozenwortels zich optimaal ontwikkelen.

Het spreekt voor zich dat u voldoende water moet geven na het planten.

Een grote bodemactiviteit is vooral bij rozengewassen belangrijk, aangezien ze de stofwisselingsslakken langs de wortels afgeven aan de bodem. Wanneer bodemorganismen ontbreken, hoopt dit afval zich op in de grond en vergiftigt daardoor de bodem. Het gevolg daarvan is **bodemmoeheid.** Bij een ander rozengewas, aardbeien, is dat een oud bekend probleem, dat u met voortdurende wisselbouw tegengaat. Bij rozen gaat dat echter niet zo gemakkelijk.

Rozen met naakte wortels mogen voor het planten geen verse scheuten gevormd hebben en niet uitgedroogd zijn.

Rozen combineren

De gezondheid van rozen wordt bevorderd door een combinatie met andere planten, vooral vaste planten. Haast alle rooskleuren zijn uitstekend te combineren met blauwbloeiende siersalie of lavendel. Vooral in de warme volle zomer houden deze kruiden door hun intensieve geur schadelijk gedierte van de rozen weg. Hoogte en diepte bereikt u met tussenbeplanting van ridderspoor, ijzerhard of hoge grassen. Ook met struik- of hoogstamrozen kunnen vormgevende accenten aangebracht worden. De combinatiemogelijkheden zijn dermate talrijk, dat ze een apart boek kunnen vullen.

Welke rassen kiezen?

Bedenk altijd bij de keuze van rassen dat rozen naar gelang van hun groeivorm in verschillende groepen kunnen worden ingedeeld:

Perkrozen (polyantha's)
rijk in schermen of pluimen bloeiende, halfhoge, hoge, kleinbloemige rozen.

Edelrozen (theehybriden)
veelvuldig solitair staande, grote bloemen die aan lange stelen groeien.

Een geslaagde combinatie van perk- en hoogstamrozen.

Floribundarozen
zitten qua bloei en hoogte tussen de perkrozen en de edelrozen in.

Struikrozen
100 tot 300 cm hoge struiken, als eenmalig of herbloeiende rozen.

Klimrozen
komen voor als eenmalig of herbloeiende rassen met 150 tot 400 cm lange loten, die aangebonden of ondersteund moeten worden.

Miniatuurrozen
ca. 30 cm hoge roosjes, in allerlei cultivars met deels onvoldoende winterhardheid; worden vaak als kamerplant aangeboden.

Bodembedekkende rozen
bestaan uit meestal kruipende, in een boog overhangende variëteiten met deels zeer sterke groei.

Stamrozen
verschillende rassen, met 60 cm stamhoogte als halfstamrozen, 90 cm hoogte als hoogstamrozen en 140 cm hoogte als treurstamrozen met overhangende groei.

Engelse rozen (Austinrozen)
hebben vooral de laatste jaren in toenemende mate de weg naar onze tuinen gevonden. Daarbij gaat het meestal om variëteiten die oude rozen nabootsen en die met doorgaans een heerlijke geur in zachte pastelkleuren bloeien.

Voorjaarssnoei en -verzorging

Snoei in al bestaande rozenperken de rozen nu in maart terug. Ook de in de herfst geplante rozen, die bij het planten slechts provisorisch gesnoeid waren, knipt u nu terug.
Verwijder zoals bij de plantsnoei alle zwakke loten en snoei de sterke loten terug tot 2-4 ogen.
De **wilde loten** die uit het gedeelte onder de veredelingsplaats omhoog groeien worden opzij gelegd en dan afgescheurd; zo verwijdert u ze met alle ogen. Mest de rozen na het terugsnoeien en geef ze een nieuwe mulchlaag.
Verwijder bij struik- en klimrozen oude, sterk verhoute loten compleet en knip bij de jongere loten de bloeiwijzen van het vorige jaar weg. Verwijder tevens alle zwakke en alle wilde loten.

Tip

In de eerste jaren na het planten hebben stamrozen stevige ondersteuning nodig door een paal, waaraan de rozenstam op halve hoogte en aan de vertakkingsbasis wordt aangeboden.

Buiten een periodieke controle op schadelijke dieren kunt u de rozen nu volledig aan zichzelf overlaten.
Pas na de eerste bloei moet u de snoeischaar weer ter hand nemen. Nu neemt u de uitgebloeide bloemen eerst individueel weg.
Tot slot kort u, na het uitbloeien van de bloeiwijze, de hele loot in tot op het volgende krachtige oog (dit wordt de **zomersnoei** genoemd).
Aan het einde van de eerste fleur volgt de tweede bemesting met een samengestelde mest, die u licht in de grond aan de wortel van de plant werkt. Daarmee zijn de rozen tot aan de herfst toereikend van voedingsstoffen voorzien.

Tijdig afsnijden van de uitgebloeide bloemen zorgt voor constant herbloeien van nieuwe loten.

Aanleg van een vast perk

Perkplanten, met overleg gecombineerd, laten iedere tuin in een prachtige kleurenzee baden.

In de tuin is nauwelijks enige andere plantengroep die met zo'n diversiteit de meest uiteenlopende tuinsituaties meester kan worden als de groep van de vaste planten. Hun milieus reiken van de onder water levende drijfplanten als hoornblad en goudveil, tot winterharde cactussen, bijvoorbeeld opuntia's, die extreme droogheid verdragen; van enkele millimeters hoge rotstuinplantjes tot enkele meters hoge grassoorten. Juist probleemzones in de tuin, zoals plaatsen in de constante schaduw door gebouwen of bomen, maar ook extreem warme, droge vlakken met een dunne laag aarde, zoals op een plat dak, kunt u met geschikte plantensoorten prachtig beplanten.

De milieus

De indeling naar toepassingsmogelijkheden en natuurlijk voorkomen van vaste planten in milieus of habitats vergemakkelijkt de planning en keuze aanmerkelijk. Allereerst moet aan de aanwezige plantenvakken een 'habitat' toegewezen worden. Voor de beginnende tuinier is het plannen en aanleggen van een vast perk met **perkplanten** een goede gelegenheid om met de zo vorm- en soortenrijke plantengroep vertrouwd te raken.

Inrichtingtips

Voor een volmaakt resultaat kunt u zich het beste aan enkele **inrichtingsregels** houden. Het skelet van de beplanting wordt gevormd door zwakgroeiende bomen en heesters als toverhazelaar, schijnhazelaar, kurkentrekkerhazelaar (*Corylus avellana* 'Contorta'), amandelboompjes of grote grassoorten, zoals bamboe of Chinese bies. Ze staan ook mooi in de wintermaanden, wanneer de vaste planten binnengehaald of door sneeuw bedekt zijn. U kunt ze asymmetrisch in het perk planten om individuele accenten aan te brengen, of symmetrisch om een vaste rij te krijgen.

Het optische effect van de skeletbeplanting wordt ondersteund door de verdeling van **leidplanten**. Dat zijn hooggroeiende planten als ridderspoor, kruiskruid, enz., die afzonderlijk of in groepjes van twee tot vijf in het inrichtingsconcept worden ingepast.

Hun optische werking wordt door **begeleidende planten** ondersteund.

Vulplanten verbinden de plantengroepen onderling tot een optische eenheid.

Bij de planning moet u eveneens rekening houden met ver-

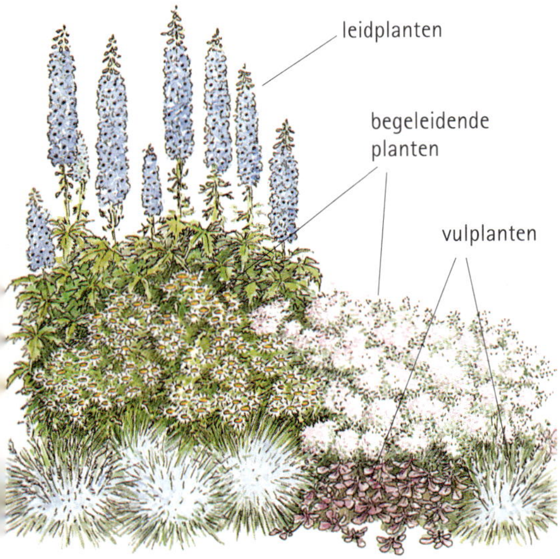

Bij de planning van een vast perk wordt rekening gehouden met de bloem- en bladkleuren, alsook met de bloeitijd.

schillende bloeitijden en kleuren. Als u zich bij de aanleg concentreert op weinig soorten en variëteiten met een dominerende grondkleur, straalt het vaste perk deftige elegantie uit. Een kakelbont perk met veel verschillende soorten bruist in de zomer daarentegen van levensvreugde. Extra effecten zijn te bereiken met **bontbladige vaste planten**, zoals funkia, bergenia of purperklokje. Vormgevingselementen (accessoires) van steen, glas, terracotta of hout ronden het harmonieuze beeld af.

Een perk verandert

Vaste perken worden voor meerdere jaren aangelegd. In hun volle pracht stralen ze pas na drie tot vier jaar. Naast de met de seizoenen wisselende bloei is het uiterst fascinerend om de ontwikkeling van de beplanting te volgen in het verloop van verscheidene jaren. De aanvankelijk nog zwak groeiende leidplanten ontwikkelen zich en wedijveren met de zich uitbreidende vulplanten en bodembedekkers om de aandacht van de toeschouwer.

Het planten van vaste planten

Maak voorafgaande aan het planten de bodem tot op flinke diepte goed los. Rijpe compost of schorshumus is een ideale bodemverbeteraar bij zware grond. Werk voor het planten een toereikende groenbemesting goed in de grond. Het perk moet helemaal vrij zijn van wortelonkruiden als distel, winde, zevenblad en kweekgras, want deze onkruiden zijn na het beplanten nog maar heel moeilijk te bestrijden.

Bijzondere voorzichtigheid is geboden bij oude planten of geschenken van vriendelijke buren, aangezien in de kluiten van zulke planten en heesters dikwijls ook ongewenste wortelonkruiden zitten. In geval van twijfel is een quarantaine van enkele weken beslist gepast, zodat u vervelende, meestal heel moeilijk uit te roeien onkruiden buiten de deur kunt houden.

Vooral nog onervaren tuiniers doen er goed aan de gekozen vaste planten en heesters eerst in het voorbereide perk uit te spreiden en ze pas daarna te planten.

Voldoende water geven na het planten spreekt voor zich. Snijd plantendelen die na het gieten niet verbeteren rigoureus weg.

Een toereikende mulchlaag van blad, grasmaaisel of bewaarde schorsmulch bevordert de ontwikkeling van planten duidelijk (zie ook blz. 33 en 52.)

Na het uitleggen van de vaste planten volgens het plantplan kunnen ze geplant worden. Stevig drukken op de hoeken van de plastic container maakt de kluiten zonder schade los uit de container.

Wat te doen in maart

Nu is het eindelijk dan weer zo ver – het planten en zaaien en de 'juiste' tuinkarweitjes drijven ons de tuin weer in. Op zonnige dagen kunnen we ons meteen weer helemaal uitleven.
Veel van de in maart wachtende werkzaamheden zijn afhankelijk van het weer. Neemt de lente al te zeer de tijd, dan moeten de werkzaamheden navenant opgeschoven worden.

Siertuin

Voorjaarsbloeiers planten

Bij mild weer kunnen de in kwekerijen aangeboden voorjaarsbloeiers nu ook al direct buiten geplant worden. Met driekleurig viooltje, madeliefje, vergeet-mij-niet, sneeuwheide en geforceerde bloembollen als krokussen, botanische tulpen, narcissen, hyacinten, sterhyacinten en vele andere kunnen we de lente begroeten. Houd voor de zekerheid grote dozen of vlies gereed en dek daarmee de gevoelige bloemen 's nachts af.
Bij vorstvrij weer kunnen nu rozen, heesters en heggen aangeplant worden. Ondanks een hoge bodemvochtigheid blijft flink water geven belangrijk. Snoei rozen terug door alles wat bevroren en afgestorven is te verwijderen en de loten op 2-3 ogen, zeer sterke loten op 4-6 ogen af te knippen. Verwijder alle zwakke loten direct bij de aanzet.

Vaste planten: planten en delen

Ook vaste planten kunnen bij zacht weer al geplant worden. Vooral de vorstgevoelige soorten, zoals herfstanemoon, lupine, tuinchrysant, ossentong, koningskaars, de meeste rotstuinplanten en alle varens. Let daarbij op de juiste plantdiepte. Pinksterrozen mogen alleen ondiep geplant worden, anders ontwikkelen zich geen bloemen. Plant ook irissen heel ondiep. Hun wortelstok moet na het planten nog goed zichtbaar zijn. Goed gesorteerde kwekerijen bieden het complete assortiment.
Oude vaste planten worden uitgestoken, gedeeld en opnieuw geplant. Deze verjonging bevordert de bloemvorming. Maak vóór het planten de grond goed los met de spitvork. Vergeet daarbij niet dat sommige vaste planten hoge eisen aan de bodemverhoudingen stellen.

Eerste perkonderhoud

Als vaste planten de winter doorgebracht hebben onder een beschermende bladerdeken, moet die nu weggehaald worden om het ongehinderde uitlopen niet in gevaar te brengen.

Zo deelt u vrouwenmantel *(Alchemilla mollis)* voorzichtig met de handen.

Bij hoge en halfhoge perkplanten mag een dunne mulchlaag van blad op het perk achterblijven.
Bij mild weer mest u vaste planten, rozen en het gazon tegen het eind van de maand voor de eerste maal.

Dahlia's in de kas voortrekken

In de kas is de lente al in volle gang. Dahlia- en begoniabollen kunnen nu in een kist met aarde voorgetrokken worden. Bij voldoende ruimte kunt u de dahliabollen ook in grote bloempotten met een inhoud van 3–4 l zetten.
Tegen de planttijd (midden mei) hebben ze zich dan al krachtig ontwikkeld.

De zaden van het uit Californië afkomstige slaapmutsje *(Eschscholzia)* kunnen nu al op de volle grond gezaaid worden.

Zomerbloemen kweken

Zomerbloemen met een lange kweektijd worden nu gezaaid. Zaai ze niet te dicht op elkaar teneinde schimmelziekten te voorkomen. Gebruik als substraat zaai- of verspeengrond. Kiemplantjes die u in februari gezaaid hebt, verspeent u nu. Drie tot vijf plantjes samen als tuiltje verspeend in een kleine pot of multipotplaat geven al mooie bossige planten. Knijp met de duimnagel al te lange wortels af om de wortelontwikkeling te bevorderen.

Moestuin

Zaaien, verspenen en planten

Zaaien en verspenen zijn ook in de moestuin zeer belangrijke karweitjes. Alle zomerkoolrassen worden nu in kisten gezaaid en in het kiembladstadium verspeend.
Kropsla, koolrabi en bloemkool kunt u in de koude bak of bij mild weer al onder vlies buiten planten. Zaai opnieuw voor de volgende teelt.
Zaai aubergine en paprika en verspeen ze in het kiembladstadium afzonderlijk in potten van 9 cm.
Ze hebben veel warmte nodig, zet ze daarom in de kas op de warmste plekjes.
Prei en zaaiuien worden eveneens gezaaid, pootuien en sjalotten worden direct op het bed geplant.
Is de bodem al enigszins opgedroogd, dan kunnen tegen het eind van de maand spinazie, schorseneer, doperwten en vroege wortels direct onder vlies op de koude grond gezaaid worden.
Keukenkruiden als basilicum, peterselie en marjolein zaait u in de kas direct in potjes; na de ijsheiligen kunt u ze dan buiten planten.

Kas en kweekbak

Geef in de kas en kweekbak op zonnige dagen altijd 's ochtends water. Daaropvolgend luchten vermindert de luchtvochtigheid en daardoor het gevaar van grauwe schimmel en andere schimmelziekten.
Vooral nu is het bij zonnig weer belangrijk om de kas tijdig te luchten.

Vroegtijdig ventileren in de namiddag slaat warmte op. Bescherm de planten met matten van riet, stro of luchtkussenfolie tegen nachtvorst.

Een heuvelbed aanleggen

Verzamel het afval van de heester- en bomensnoei om daarvan samen met overtollig mulchblad een heuvelbed aan te leggen. Idealiter loopt het bed in noord-zuidrichting.

Graaf een strook van ongeveer 120 cm breed en één spasteek diep uit. Houd de afgegraven aarde bij de hand. Stapel nu langs het midden van het bed eerst dikke takken en twijgen op, daarbovenop rijshout en dunne twijgen. Trap deze eerste laag goed aan. De volgende laag bestaat uit met aarde vermengd, vochtig blad of verteerde stalmest.

Als derde laag volgt rijpe compost. Verdeel tot slot de eerder afgegraven aarde over het bed. Er is een 50-80 cm hoge heuvel ontstaan.

Bij teelt op een heuvelbed moet u de irrigatie zorgvuldig in het oog houden, aangezien er geen vocht uit de ondergrond naar boven kan stijgen. Een irrigatiegeul langs de top van het bed vergemakkelijkt de bewatering. U kunt ook grote bloempotten in het bed ingraven. Bij het water geven laat u ze dan vollopen, waarna het water langzaam in het heuvelbed kan sijpelen.

Mulchen van de grond vergemakkelijkt de watervoorziening van de planten aanzienlijk en houdt de aarde op de heuvel vast, zodat die niet kan wegspoelen.

Groenteteelt op het heuvelbed

Beplant het heuvelbed het eerste jaar met sterke, het tweede met gemiddelde en het derde met zwakke verbruikers. Daarna zal het bed uitgeput en ingezakt zijn.

Verschillende groentesoorten op het heuvelbed maken een hoge opbrengst en gemakkelijke oogst op een klein oppervlak mogelijk.

Boomgaard

De houtsnoei afsluiten

Het snoeiwerk aan oude fruitbomen en -heesters moet nu onderhand voltooid zijn. Ook wijnstokken en bessenstruiken snoeit u alleen nog in het begin van de maand, omdat ze al heel vlug uitlopen en dan krachtig in het verse sap staan.

De vormsnoei aan jonge vruchtbomen kan daarentegen nog zonder problemen gebeuren.

Fruitbomen en -struiken planten

Bij geschikt weer is het nu de ideale voorjaarsplanttijd voor houtgewassen. Plant appels, peren en bessenstruiken bij open bodem zo spoedig mogelijk. Abrikoos, braam, kiwi, kweepeer, wijnstok en walnotenboom lopen nog gevaar van la-

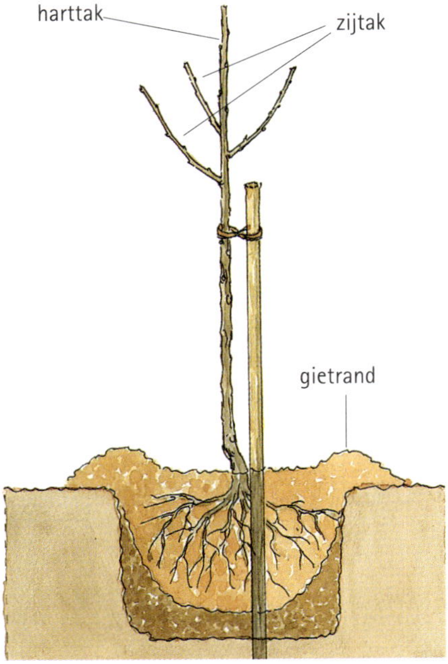

Zo zou u moeten planten: maak de grond in het plantgat los, vul het gat op met een mengsel van teelaarde en compost; leg een gietwaterrand aan. Snoei de kroon gelijkmatig en bind de stam onder de kroon aan een paal aan.

Een dichte onderbeplanting vervangt in de zomer de mulchlaag.

te vorst en die plant u daarom tegen het eind van de maand bij al wat warmer weer.

Plantsnoei

Meteen al na het kopen bij boomkwekerijen of tuinderijen kunt u de houtgewassen een plantsnoei geven. Daardoor moet u een goed evenwicht tussen ondergrondse en bovengrondse plantendelen bereiken. Aangezien de bomen en struiken bij het rooien een deel van hun wortels verliezen, moet de takkenbezetting aangepast worden. Laat daarbij naast de centrale tak (harttak) drie, ten hoogste vier zijtakken zitten, de latere leitakken. Verwijder de zijtak die het dichtst bij de harttak staat, want die kan later tot een gemakkelijk brekende zijtak leiden.

Streef bij de snoei een gelijkmatige kroon na. Snoei de drie of vier overgebleven takken op gelijke hoogte boven een naar buiten wijzend oog af, zodat de zijscheuten zich gelijkmatig kunnen ontwikkelen. Voor de zekerheid breekt u het oog dat het dichtst bij de snoeiplaats gelegen is en naar binnen wijst weg; daardoor krijgt het hoofdoog meer kracht.

Ook de wortels komen er niet 'ongeschoren' vanaf. Snijd of knip de wondplaatsen, waar de wortels bij het rooien afgescheurd zijn, nog eens bij, aangezien gladde wonden sneller genezen en de wortelvorming daardoor bevorderd wordt.

Snoei de in de herfst geplante vruchtbomen, die u toen maar mondjesmaat gesnoeid hebt, nu eveneens in model.

Bodemonderhoud

Na het planten krijgen de bomen een paal als steun en toeverlaat. Geef flink water en bedek de plantvlakken daarna met een 1-2 cm dikke laag van halfrijpe compost als bemesting. Daarbovenop komt een laag van herfstblad of stromulch, die de bodem los en vochtig houdt. Aan deze bemestingsmaatregelen kunt u ook oudere bomen onderwerpen.

Intensievere bemesting zou uitsluitend mogen volgen na een grondonderzoek (zie blz. 48), dat de precieze behoeften vaststelt.

Controleer in het voorjaar de plantpalen van eerdere beplantingen op hun stevigheid. Zitten ze los of zijn ze zelfs afgebroken, dan slaat u ze opnieuw in of vervangt ze. Vanzelfsprekend vervangt u dan meteen loszittend of ondeugdelijk bindmateriaal.

Bessenstruiken beschermen

Telkens weer worden de zachte knoppen van bessenstruiken door vogels weggepikt. Aan aalbesstruiken kan daardoor aanmerkelijke schade ontstaan. Span daarom ter bescherming tegen vogelvraat vogelnetten over de struiken.

April

Bemesting 42

Grondonderzoek 48

Siertuin 49

Moestuin 52

Boomgaard 54

Bemesting

Planten leven niet van lucht, water en liefde alleen. Naast regelmatig water geven is een uitgebalanceerde voorziening met voedingsstoffen doorslaggevend voor hun groei, bloemknopvorming, gezondheid en weerstandsvermogen tegen ziekten en schadelijk gedierte. Dat wordt in de tuin echter ofwel nogal eens verwaarloosd of juist weer overdreven.

Zoals alle stoffelijke processen doorlopen ook de voedingsstoffen voor planten een kringloop. Ze worden door de plant opgenomen; de plant groeit daardoor en bouwt substantie op. Na het afsterven van de plant rotten de plantendelen in de bodem of compost, waardoor de voedingsstoffen weer vrijkomen en dus opnieuw beschikbaar zijn. Onder natuurlijke omstandigheden, in de ongerepte natuur, functioneert deze kringloop al miljoenen jaren en maakt weelderige groei mogelijk.

Grijpt de mens in deze stoffenkringloop in, doordat hij plantendelen oogst – ongeacht of het nu om groente, vruchten of snijbloemen gaat of dat het bij het opruimen van de bedden en perken in het na- of voorjaar gebeurt – dan moet hij door gerichte bemesting de balans herstellen. Ook planten in potten in de kamer of op het balkon en terras zijn vanwege het be-

Juist bemesten vergroot niet alleen de opbrengst, maar ook de voedingswaarde.

grensde aardevolume op constante bemesting aangewezen. Mest werkt niet direct op de plant – afgezien van bladbemesting – maar indirect via de bodem, het medium voor het ontsluiten, opslaan en opnemen van voedingsstoffen.

Hoofdvoedingsstoffen en sporenelementen

Vanuit tuinbouwkundig oogpunt zijn voedingsstoffen in twee groepen te verdelen. Planten hebben van de **hoofdvoedingsstoffen** grotere hoeveelheden nodig, van de **sporenelementen** (of micronutriënten) daarentegen slechts geringe hoeveelheden. Maar ook de laatste zijn daardoor nog geenszins minder levensnoodzakelijk. Afgezien van koolstof, zuurstof en waterstof, die planten uit lucht (als CO_2) en water (als H_2O) halen, moeten de andere voedingsstoffen door een evenwichtige bemesting regelmatig toegevoerd worden.

Groeistof stikstof (N)

Stikstof wordt gebruikt voor het opbouwen van eiwitten, enzymen en vitamines; bovendien zorgt stikstof voor massagroei en de groene kleur van bladeren. Een **stikstofgebrek** blijkt uit bleekgroene tot gele bladeren, miezerige groei, een slechte oogst en zogeheten vroegelingen (te vroeg uitrijpen). Een **stikstofoverschot** leidt tot bovenmatige massagroei en te sponzige weefsels – en daardoor verhoogde bevattelijkheid voor ongedierte (bladluis) en ziekten (schimmel). Bij groente nemen de smaak en houdbaarheid af. Er wordt ook een overmaat aan nitraat gevormd, wat schadelijk voor de gezondheid is.

Het voedingsstoffengehalte van de bodem en de intensiteit van bemesting worden dikwijls gelijkgesteld aan het stikstofgehalte. Ten gevolge van zijn gemakkelijke oplosbaarheid kan stikstof in de grond maar slecht vastgehouden worden, zodat hij bij een overmaat en sterke neerslag heel snel in de ondergrond en als nitraat in het drinkwater kan terechtkomen.

Smaakstof kalium (K)

In planten reguleert kalium de waterhuishouding en maakt de weefsels stevig. De vorstresistentie, bloeikleur en de stevigheid van weefsels worden verbeterd, en de smaak en houdbaarheid van de groente nemen toe. Ook het weerstandsvermogen van planten neemt toe.

Een **kaligebrek** remt de groei en leidt tot verleppende planten; bladeren sterven af.

Bloeistof fosfor (P)

Planten hebben fosfor nodig voor het aanmaken van eiwitten en enzymen. Het weerstandsvermogen en de vormingen van bloemen en vruchten worden evenals de kiemkracht van zaad vergroot; rijpingsprocessen worden versneld.

Planten halen een groot deel van hun voedingsstoffen uit bodembestanddelen (humus en klei), die ook mestbestanddelen opslaan.

Een **fosforgebrek** remt de groei en vorming van bloemen en vruchten. De wortels vormen zich slecht, bladeren vertonen een rode verkleuring.

In goede tuingrond is fosfor meestal in voldoende mate aanwezig en hoeft zodoende slechts zelden bijgemest te worden. Fosfor bevordert de vorming van de voor de kruimelstructuur van de grond noodzakelijke micro-organismen en zorgt zo voor een goede bodemstructuur.

Tip

Stikstof en kalium vullen elkaars werking aan. Ze moeten daarom in een uitgebalanceerde verhouding gemest worden.

Stip – een door calciumgebrek veroorzaakte appelziekte.

Bodemstof calcium (Ca)

In de plant wordt calcium in de celwanden opgenomen en vergroot de resistentie tegen ziekten en ongedierte.

Een **calciumgebrek** leidt tot zwakke wortelvorming en verstoort de waterhuishouding; vruchten sterven af. Een **calciumoverschot** kan een acuut gebrek aan bepaalde andere voedingsstoffen tot gevolg hebben.

In de grond leidt een calciumgebrek tot bodemverzuring (daling van de pH-waarde), wat weer tot gevolg heeft dat er giftige stoffen vrijkomen. Bij een teveel bindt calcium in de bodem belangrijke voedingsstoffen, vooral sporenelementen, en verhoogt de pH-waarde.

Calcium wordt als kalk gemest. Het lost gemakkelijk op en moet net als kalium telkens weer nagemest worden (onderhoudskalkmesting). Door een Ca-bemesting wordt de grond losgemaakt, belucht en daardoor aanmerkelijk verbeterd. De bodem wordt kruimeliger en verzuurde grond wordt geneutraliseerd, bodemorganismen worden bevorderd en de grondkwaliteit verbetert.

Eiwitstof zwavel (S)

Zwavel bevordert het bodemleven en lost gemakkelijk op, maar de zwaveldioxide in de lucht levert constant toereikende nieuwe doses aan. Planten gebruiken zwavel voor het opbouwen van eiwitten, enzymen en smaakstoffen (bijvoorbeeld bij knoflook).

Bladgroenstof magnesium (Mg)

Magnesium speelt een belangrijke rol in de vorming van bladgroen (chlorofyl) in alle groene plantendelen. Een **magnesiumgebrek** veroorzaakt gele bladeren met groene bladnerven (**chlorose**).

In de grond bevordert magnesium de kruimvorming. Het zit in de meeste kalkmestmiddelen, maar lost gemakkelijk op en moet zodoende telkens weer nagemest worden.

Sporenelementen

Van sporenelementen hebben planten slechts geringe hoeveelheden nodig. Normaal gesproken mag u ervan uitgaan dat ze in normale tuingrond in toereikende mate aanwezig zijn en voor een gezonde plantengroei niet als aparte bemesting

Chlorose bij tomaten – ontstaat door magnesiumgebrek

gegeven hoeven te worden. Het bodemonderzoek informeert er preciezer over.

Om planten op geschikte manieren van de noodzakelijke voedingsstoffen te voorzien, kunt u verschillende mestmiddelen gebruiken, die u deels zelf kunt samenstellen (compost) of anders in de handel koopt (bv. vismeel en hoornmeel).

Tip

Een ideale aanvulling op de gebruikte meststoffen is gesteentemeel. Het bevat hoge gehaltes aan sporenelementen en wordt in de grond langzaam omgezet en aan planten ter beschikking gesteld. Let op een goede afstemming tussen calciumbevattend gesteentemeel en kalkbemesting om overbemesting te voorkomen.

Juist bemesten – hoe gaat u te werk?

Om te kunnen bemesten, dient u vooraf over essentiële informatie te beschikken:

1. Hoeveel voedingsstoffen zijn er nog in de bodem?
2. Hoeveel voedingsstoffen hebben de planten nodig?
3. Welke meststoffen moet u gebruiken?
4. Hoeveel voedingsstoffen bevat de gebruikte meststof?

Grondonderzoek – hoeveel voedingsstoffen zijn er nog in de grond aanwezig?

Oogstresten en compostgiften bevatten dikwijls grote hoeveelheden voedingsstoffen. Bodemanalyses geven hier uitsluitsel over (zie blz. 48).

Sterke en zwakke verbruikers – hoeveel voedingsstoffen hebben de gekweekte planten nodig?

Ter wille van de eenvoud worden cultuurplanten – groenten zowel als sierplanten – verdeeld in **sterke**, **gemiddelde** en **zwakke verbruikers** (zie tabel). Verdeel bij planten die voedingsstoffen nodig hebben de mesthoeveelheid over verschillende giften teneinde tijdelijke overschotten aan meststoffen te vermijden. Hier wordt gesproken van een **begin-** of **basisbemesting** aan het begin van de cultuur en een **bijbemesting** tijdens de cultuur. Een bijbemesting mag alleen bij droog weer gegeven worden, waarna u de planten met de gieter besproeit.

Inwerken van verteerde mest is een vermoeiend karweitje.

Bemesting – welke meststoffen moet u gebruiken?

Mestmiddelen zijn te verdelen in **organische** en **minerale mest**. Hoewel alle mestvormen voedingsstoffen leveren, verschillen ze in hun werkingswijze. Vormen van **organische mest** zijn alle mestmiddelen die van plantaardige of dierlijke herkomst zijn, zoals hoorn-, beender- en bloedmeel, stalmest, gier, compost, schorshumus, groenbemesting, enz., getrouw het oude boerenmotto: 'Wat stinkt, dat mest'.

Alle organische mest is een belangrijke humusvormer. De erin voorkomende stoffen zijn gemakkelijk af te breken en leveren de organismen in de bodem belangrijk voedsel. Pas door de activiteit van bodemorganis-

Mestbehoeften van groenten, vaste planten en zomerbloemen

	Zwakke verbruikers	Gemiddelde verbruikers	Sterke verbruikers
	1 mestgift per jaar	2 mestgiften per jaar	3 mestgiften per jaar
	1–5 g N per jaar	5 – 15 g N per jaar	15 – 25 g N per jaar
Groenten:	erwt, boon, veldsla, postelein, radijs, rettich, kruiden	sla, wortel, koolrabi, rode biet, ui, spinazie, prei	alle koolsoorten, komkommer, tomaat, selderie, artisjok
Vaste planten:	lupine, bergaster, fijnstraal, vrouwenmantel, gentiaan, meiklokje, siergrassen, bloembollen	sierlook, akelei, herfstaster, lamsoor, bruidssluier, kerstroos, hoge klokjesbloemen	ridderspoor, voorjaarszonnebloem, duizendblad, pampasgras, herfstchrysant, flox
Zomerbloemen:	gladiool, pantoffeltje, driekleurig viooltje	aster, leeuwenbek, de meeste zomer- en balkonbloemen	zomerchrysant, anjer, zonnebloem, geranium

men worden de organische verbindingen omgezet (gemineraliseerd) in mineralen waar planten iets aan hebben. Daardoor wordt het humusgehalte van de grond duurzaam verhoogd, de grond losgemaakt, de bodem- en kruimelstructuur verbeterd en de bodemorganismen en plantenwortels van levensbelangrijke zuurstof voorzien. Bemesting met organische mest gedurende vele jaren vormt de basis van een gezonde, vruchtbare tuingrond en milieuvriendelijke teelt (zie ook blz. 126 voor grondbewerking).

Minerale mest bestaat in de regel uit voedingszouten. Hij hoeft niet meer gemineraliseerd te worden door bodemorganismen en is meestal direct oplosbaar en daardoor beschikbaar voor planten. Zijn werkzaamheid is gemakkelijk te berekenen en derhalve exact te sturen. Als we organische mest vergelijken met volwaardig voedsel met volop ballaststoffen, dan is minerale mest het druivensuikerklontje, dat meteen in de plant terechtkomt en energie geeft.

Sinds enige jaren is er minerale mest in kunststofomhulsel op de markt, zogenoemde **langwerkende** of **voorraadmeststoffen**, die het geschiktst zijn voor een gelijkmatige plantenvoeding in potten en containers gedurende langere termijn.

Helaas kleven aan minerale meststoffen ook grote nadelen. Daar ze slechts bij uitzondering organische stoffen bevatten, bieden ze de bodemorganismen geen voeding. Dat leidt dikwijls tot een drastisch verlies aan humus en voedingsstoffen.

Overbemesting met minerale meststoffen belast niet alleen het milieu, maar leidt bij planten ook tot zoutschade. Bij te grote mestgiften kunnen cultuurplanten veel te veel water opnemen, wat vooral de houdbaarheid en smaak schaadt.

Tip

Sommige mestfabrikanten hebben reeds grondstoffen van dierlijke afkomst uit hun mestmengsels gehaald. Hoornproducten van gerenommeerde leveranciers kunt u zonder meer zonder bedenkingen gebruiken.

Dosering – hoeveel voedingsstoffen bevat de gebruikte meststof?

De productie, verkoop en etikettering van meststoffen zijn aan wettelijke regels gebonden. Dat vergemakkelijk het overzicht en de keuze aanzienlijk. De gehaltes aan voedingsstoffen staan vermeld in procenten, en wel in de volgorde stikstof (N), fosfor (P), kali (K), magnesium (Mg) en sporenelementen.

Mestmengsels met de kernvoedingsstoffen N-P-K worden **complete meststoffen** genoemd. De tabel somt bekende minerale en organische meststoffen op. Vanzelfsprekend kan de tabel niet meer dan een beknopt overzicht geven.

Bemesting – hoeveel meststof moet u geven?

Hebt u eenmaal voor een minerale of organische mest gekozen, dan kent u ook de daarin voorkomende percentages aan voedingsstoffen. Weet u bovendien nog hoeveel de gekweekte planten gebruiken en, door een grondanalyse, wat de voedingsstofgehaltes van de bodem zijn, dan kunt u de hoeveelheid benodigde mest uitrekenen.

Als voorbeeld nemen we de mestbehoefte van kropsla op basis van stikstof:

Voorbeeld: meststoffenbehoefte van kropsla bij bemesting met hoornmeel

Behoefte van planten aan stikstof: 6 g/m²
Voorraad in de bodem na grondonderzoek: 2 g/m²
Benodigde bemesting: 4 g/m²
Hoornmeelbemesting: 13 % N.

Berekening van de dosis mest via de individuele meststof:

behoefte aan meststof/m²: voedingsstofgehalte van de bemesting in % x 100 = hoeveelheid mest, dus 4 g/m² : 13 % x 100 = 30 g/m² hoornmeel.

Onze berekening levert een eenmalig bemesting bij het planten met 30 g hoornmeel/m² op.

Mesttabel april

Mestmiddel	N	Gehalte aan P	K	Mg	Sporen-elementen	Eigenschappen
Organische of organisch-minerale meststoffen						
guano	6	12	12	ja	ja	organische complete meststof, hoog PK-gehalte
Oscorna Animaline	7	6	1	ja	ja	organisch-minerale complete meststof, gering K-gehalte
Hornoska	8	0	10	3	ja	organisch-minerale complete meststof, zonder P
Hornoska Speciaal	8	5	10	2	ja	organisch-minerale complete meststof, verminderd P
Manna Speciaal	7	5	9	ja	ja	organisch-minerale complete meststof
hoornmeel, hoornspaanders	13	–	–	ja	ja	organische N-meststof, ideaal bij hoog PK in de grond
stalmest	0,4	0,3	0,6	–	ja	moet altijd gecomposteerd worden
Minerale meststoffen						
Nitrophoska (blauwkorrels)	12	12	17	2	ja	minerale complete meststof, evenwichtige NKP-verhouding
Nitrophoska perfect	15	5	20	2	ja	groeimeststof, hoog NK-gehalte
Osmocote Bloemenmest	14	13	14	–	–	depotmeststof in kunststofomhulsel
Scotts Gazonmest	31	3	10	–	–	speciale gazonbemesting met hoog N-gehalte
ammoniumsulfaatsalpeter	26	–	–	–	–	minerale N-meststof, werkt zuur
kalksalpeter	15	–	–	–	–	minerale N-meststof, werkt alkalisch
Speciale kalkmeststoffen						
koolzure kalk		42–53 % kalkgehalte				gemalen kalksteen
ongebluste kalk		65–95 % kalkgehalte				gebrande kalksteen, sterke werking!
algenkalk						gedroogde kalkalgen, sporenelementen

Bemesting met compost en gecomposteerde stalmest

Ook hier is een bodemonderzoek een voorwaarde, want ook met compost kan een bodem overbemest worden! Het beste kunt u compost in het voorjaar geven in een dosering van 5-10 l/m². Een extra gift gecomposteerde stalmest om de drie jaar is aanbevelenswaardig, maar daar valt helaas niet altijd aan te komen; ook stalmest geeft u in het voorjaar.

- Sterke verbruikers hebben daarnaast 2 giften stikstofmest nodig,
- gemiddelde verbruikers 1 gift, en
- zwakke verbruikers hoeven geen extra stikstofgiften.

In principe geldt: exacte mestgaven zijn uitsluitend na een bodemonderzoek mogelijk! Dat spaart het milieu en de portemonnee.

Tip

Fijnkorrelige mest wordt sneller afgebroken en werkt daardoor sneller.

Een goed onderhouden composthoop levert de tuin veelzijdige voedingsstoffen en bovendien micro-organismen en organische massa.

Grondonderzoek

Voor een bemesting die op de behoefte van de planten afgestemd is, is een grondonderzoek een absoluut noodzakelijke voorwaarde. Gespecialiseerde laboratoria analyseren daarbij de gehaltes aan voedingsstoffen in de bodem. Aangezien de laboratoria verschillende analysemethoden gebruiken, zijn de uitslagen niet zonder meer met elkaar te vergelijken. Om toch de ontwikkeling aan voedingsstoffen in de loop van verschillende jaren te kunnen vergelijken, moet u de analyses zodoende om de twee tot drie jaar door hetzelfde laboratorium laten uitvoeren.

Voor de analyse neemt u enkele monsters van een perceel, tot een maximale diepte van 20 cm. Vermeng de afzonderlijke mengsels in een emmer en neem daar het eigenlijke monster (ca. 1/2 l) van af. Het ideale tijdstip in de volks- of kleine tuin is in het voorjaar vóór de eerste bemesting. Dan bieden ook tuinbouwverenigingen en tuincentra complete onderzoeksetjes aan.

Als u na enkele dagen de onderzoeksuitslagen terugkrijgt, kunt u op basis daarvan de benodigde mestgiften uitrekenen. Speciale attentie vraagt stikstof. De N-analyse zit er vaak niet standaard bij en moet extra besteld worden. Nu zijn in goede tuingrond de meeste voedingsstoffen dikwijls in overmaat aanwezig, zodat alleen stikstof bijgemest hoeft te worden. De benodigde hoeveelheid komt u uitsluitend door een analyse te weten. Vermeldt u bij het monster de geplande cultuur en de reeds gebruikte mest, dan krijgt u op verzoek ook een bemestingsadvies.

Ook in tuinen die alleen met compost, stalmest of organische mest zijn bemest, kunnen de voedingsstofgehaltes in de grond (vooral P en K) te hoog zijn. Hier valt wederom een grondonderzoek aan te raden.

Boven: het grondonderzoek moet een voor het gehele vlak representatief beeld opleveren. Daarom moet u verschillende afzonderlijke monsters nemen en in een emmer vermengen.
Onder: het eigenlijke verzendmonster wordt van het mengsel van de afzonderlijke monsters afgenomen en naar het laboratorium opgestuurd.

Wat te doen in april

Hoewel april berucht is om zijn wispelturige weer en doet wat hij wilt, brengt de maand ons toch ook de eerste echte lentedagen en luidt daarmee de nieuwe vegetatieperiode in. Niet alleen onze planten ontwikkelen zich van nu af veel sneller en krachtiger, maar ook de dierenwereld begroet nu de lente. Veel trekvogels melden zich opnieuw in de tuin; ook egels en tal van andere dieren beëindigen definitief hun winterrust.

Ook slakken worden in deze periode weer actief en bedreigen kwetsbare planten. Ze kunnen grote schade aanrichten aan groente- en bloemkiemplantjes, maar ook aan de zachte scheutknoppen van veel vaste planten. Hun activiteit is sterk afhankelijk van het weer en is met huismiddeltjes als biervallen maar moeilijk in te dammen. Sinds enige tijd is er echter een milieuvriendelijke, effectief gebleken slakkenkorrel onder de naam ferramol op de markt. De slakken nemen de voor andere dieren ongiftige slakkenkorrels op en trekken zich vervolgens terug op hun schuilplaats, waar ze sterven.

Zulke prachtige pinksterrozen zijn alleen door voorzichtig delen te vermeerderen.

Siertuin

Vaste planten en houtgewassen planten

Nog altijd kunnen er houtgewassen, rozen en vaste planten geplant worden. Let bij het planten van pinksterrozen op de plantdiepte (zie blz. 88). Hun uitbottende knoppen mogen slechts licht met aarde bedekt zijn.

Niet of slecht bloeiende pinksterrozen zijn te diep geplant. Worden ze echter hoger gezet, dan zullen ze weer beginnen te bloeien.

Oude vaste planten delen

Onder het delen en verjongen van oude vaste planten moet nu beslist een streep gezet worden, aangezien deze planten vaak al heel vroeg uitlopen en dan gemakkelijk schade kunnen oplopen.

Schud bij vaste planten met dikke vlezige wortels, zoals pinksterroos, incarvillea of gebroken hartje, de aarde er voorzichtig af en snijd de wortels met een scherp mes los. Let er daarbij op dat de uitlopende knoppen voldoende wortelmassa overhouden, zodat ze zich snel en krachtig kunnen ontwikkelen.

Strooi over grotere wonden koolpoeder als bescherming tegen schimmelinfecties.

Tip

Moeten in een vast perk verschillende planten verjongd en gedeeld worden, dan is het eventueel raadzaam om het bed compleet opnieuw aan te leggen. Zo kunt u er meteen nieuwe ideeën en ervaringen in meenemen. Verruil daarbij onbevredigende en ziektegevoelige soorten en variëteiten door beproefde.

Lelies moeten nu geplant worden, zodat ze in de zomer hun volle pracht kunnen ontvouwen.

Voorjaarsbloeiers terugsnoeien

Veel zodenvormende planten zijn nu uitgebloeid. Indien nodig kunt u ze na de bloei terugknippen. Knip daarbij met een tuinschaar al te groot geworden plantendelen af. Zijn de zoden van binnenuit kaal geworden, dan kunt u de ruimte tussen de scheuten opvullen met losse tuinaarde of een mengsel van zand en tuinaarde. De planten vormen daar dan nieuwe wortels in. Hoewel de meeste zodenvormende planten zeer robuust zijn, dient dit toch zorgvuldig te gebeuren, zodat ze niet onder de aarde stikken.

Ook de sneeuwheide (*Erica carnea*) is nu uitgebloeid en moet zodoende teruggesnoeid worden. Snoei de uitgebloeide bloeiwijze tot op de helft van de scheuten van het vorige jaar terug. Door jaarlijks snoeien blijven de planten compact, groeien ze zeer bossig en worden ze niet kaal; bovendien neemt de bloeilustigheid toe.

Winterbescherming verwijderen

Verwijder winterafdekkingen met rijshout definitief. Vaste planten die nog gevaar van late vorst lopen, zoals gebroken hartje of keizerskroon, kunt u indien nodig tegen nachtvorst beschermen door er een doos of vliesdoek over te stulpen. Voor alle afdekkingen tegen vorst geldt in principe dat u ze nooit in de ochtendzon na een nacht met vorst mag weghalen. Onder de beschermende afdekking kunnen de onderkoelde plantendelen langzaam op temperatuur komen, waardoor ze minder of helemaal geen schade oplopen. Pas wanneer het ook onder de afdekking warmer is geworden, mag u ze verwijderen.

Bent u vergeten bescherming tegen vorst aan te brengen, dan is het soms zelfs zinvol om sterk bevroren planten alsnog 's nachts laat of op de vroege ochtend af te dekken tegen de sterke voorjaarszon, zodat ze langzaam kunnen ontdooien.

Dahlia's planten

Eind april kunnen in milde streken al dahlia's geplant worden. De vakhandel biedt nu een groot assortiment zomerbloeiende bol- en knolgewassen aan. Oude bekenden zijn lelies in allerlei variëteiten, gladiolen, montbretia's, bloemriet en anemonen. Exotisch zijn bolgewassen uit de tropen en subtropen. De uit Zuid-Afrika stammende belladonnalelie (*Amaryllis belladonna*), de ananasplant (*Eucomis comosa*) en de haaglelie (*Crinum powellii*) zijn prachtig. Ze moeten in de herfst gerooid worden en net zoals dahlia's en gladiolen vorstvrij overwinteren. Stel het planten van getrokken bol- en knolgewassen uit tot na de ijsheiligen.

Zomerbloemen kweken

Ongevoelige zomerbloemen kunt u tegen het eind van de maand al direct buiten zaaien.

Zomerbloemenperken leveren ons een bloei vol afwisseling.

Zomerbloemen voor de tuin

Nederlandse naam	Botanische naam	Zaaitijd	Zaaiplaats	Gebruik	Opmerking
Amarant	*Amaranthus caudatus/A. paniculatus*	III–V	volle grond	snij-, droogbloem	decoratieve eenjarige bloem
Leeuwenbekje	*Antirrhinum majus*	IV–V	kweekbak/ schaaltje	perk, snijbloem	wijd zaaien, na het verspenen onttoppen
Australisch ganzebloempje	*Brachyscome iberidifolia*	III–V	schaaltje	perk, balkonbakken	blauwe reuzenbloemen, rijk aan kleur
Zomeraster	*Callistephus chinensis*	III–IV	schaaltje	perk, snijbloem	dwergaster ook voor perkafgrenzingen
Goudsbloem	*Calendula officinalis*	IV	volle grond	perk, snijbloem, medicinale plant	zalfvervaardiging uit de bloemen
Korenbloem	*Centaurea moschata, C. cyanus, C. americana*	III–IV	volle grond/ schaaltje	snij-, droogbloem	mooi kleurencontrast bij verscheidene variëteiten
Ganzebloem	*Coleostephus multicaulis*	IV	schaaltje	perk, bloembak	witte of geel bloeiende balkonplanten
Cosmea	*C. regalis/ C. consolida*	III–IV	volle grond	perk, snijbloem	hoge en lage variëteiten
Dahlia's	*Cosmos*-variëteiten	V	schaaltje	perk, bloembak	eenjarige dwergdahlia's
Ridderspoor	*Dahlia variabilis*	III–IV	volle grond	snij-, droogbloem, perk	eenjarige riddersporen, goed geschikt voor drogen
Gazania	*Gazania splendens*	I–II	schaaltje	perk, bloembak	wonderschoon kleurencontrast, bloeit alleen in de zon
Zonnebloemen	*Helianthus annuus*	IV–V	volle grond	perk, snijbloem	geel- en bruinbloeiende variëteiten
Strobloem	*Helichrysum bracteatum*	IV–V	volle grond	perk, snij-, droogbloem	ideale droogbloem, goed voor volle zon
Helipterum	*Helipterum manglesii*	III–IV	schaaltje	perk, droogbloem	roze en witte bloeiende droogbloemen
Zomercypres	*Kochia scoparia*	III–IV	schaaltje	perk	eenjarige, thuja-achtige groene plant
Pronkerwt	*Lathyrus odoratus*	IV	volle grond	klimplant, snijbloem	bekende snijbloem en klimplant
Lamsoor	*Limonium sinuatum*	II–III	schaaltje	perk, droogbloem	bekende droogbloem, vele kleuren
Maskerbloem	*Mimulus*-variëteiten	IV	volle grond	perk	rijk bloeiende, laag groeiende perkplant
Vergeet-mij-niet	*Myosotis*-hybriden	VI–VII	volle grond	perk, bloembak	blauw-, roze- en witbloeiende perkplanten
Siertabak	*Nicotiana*-variëteiten	IV–V	volle grond	perk, snijbloem	rijk bloeiende perkplant, in wit, roze en rood
Juffertje in 't groen	*Nigella damascena*	III–IV	volle grond	perk, snij-, droogbloem	oude bekende droogbloem
Geranium	*Pelargonium*-variëteiten	I–II	schaaltje	perk, bloembak	bekende geranium uit zaad, duur zaaigoed
Schildpadbloem	*Penstemon hartwegii*	II–III	schaaltje	perk, snijbloem	prachtige perkplant
Vlambloem	*Phlox drummondii*	III–IV	schaaltje	perk, bloembak	kussenplant in stralende kleuren
Wonderboom	*Ricinus communis*	III–IV	schaaltje	perk	statige plant met rode of groene bladeren
Zonnehoed	*Rudbeckia hirta*	III–IV	schaaltje	perk, droogbloem	bekende zomerbloem
Siersalie	*Salvia farinacea*	III–IV	schaaltje	perk, snij-, droogbloem	blauw of wit bloeiende droogbloem
Schizanthus	*Schizanthus wisetonensis*	III–IV	schaaltje	perk	bontbloeiende, lage perkplant
Afrikaantje	*Tagetes*-variëteiten	IV–V	schaaltje	perk, droogbloem	geel, oranje bloem, hoge en lage variëteiten
Oost-Indische kers	*Tropaeolum*-variëteiten	IV–V	schaaltje	perk, klimplant	bontbloeiende plant, klimmende variëteiten, eetbaar
Viooltje	*Viola*-variëteiten	VI–VII	schaaltje	perk, bloembak	bekende perkplant, groot- en kleinbloemig
Zinnia	Zinnia-variëteiten	V	volle grond	perk, snij-, droogbloem	bekende zomerbloem

Het opkweken in de kweekbak of kas garandeert echter een snellere en zekerdere ontwikkeling.
Veel een- en tweejarige zomerbloemen kunnen gerust in de tuin rondzwerven zonder ooit lastig te worden. Laat daartoe de uitgebloeide planten staan, zodat ze genoeg zaad kunnen vormen en verspreiden. Planten als vuurpapaver, goudsbloem, juffertje in 't groen en cosmea zijn daar ideaal voor.

Eerste gazononderhoud

Met de eerste maal maaien en daarop aansluitend verticuteren begint het zomerse gazononderhoud. Het daarbij afvallende maaisel vormt een ideale mulchdeken tussen vaste planten, groentegewassen en aardbeien.
Mocht het nog niet gebeurd zijn, dan is het nu tijd voor de eerste bemesting.

Grasmaaisel is een goedkoop en hoogwaardig mulchmateriaal.

Moestuin

Groente opkweken

Zoals al in maart hebt u het nog steeds druk met het opkweken van groentegewassen. Direct in de volle grond worden nu wortel, tuinboon, radijs, rettich, erwt, spinazie en schorseneer gezaaid. Ook de eenjarige keukenkruiden peterselie, kervel, dille, marjolein en bernagie zaait u nu uit. Tegen het eind van de maand volgen snijbiet, pluksla, meiraap en rode biet.
Plant de in maart voorgetrokken jonge groenteplanten op de bedden en dek ze na het water geven af met gaatjesfolie of vlies.
Behalve voor het zaaien van de opvolgende rijen van de groentegewassen is het begin van de maand de tijd voor het telen van tomaat, komkommer, pompoen, meloen, courgette en selderie. Verspeen ze al in het kiembladstadium naar 9-10 cm grote potten. Voor de kleinere selderieplantjes volstaat een potomvang van ca. 3 cm.
Voor succesvol opkweken is het gebruik van een hoogwaardige zaai- en verspeenaarde belangrijk. Die bevat geen of slechts

Voor het verkrijgen van rechte rijen worden erwten langs een plantsnoer gezaaid.

heel weinig meststoffen en biedt daardoor, evenals op grond van haar structuur, de beste condities voor het opgroeien.
Zuiver vrouwelijke komkommersoorten, zoals 'Bella' en 'Sandra', kunnen het beste in de kas gekweekt worden.

Tomaten planten

Het rassenaanbod bij tomaten is haast onoverzienbaar. De F1-variëteiten verdienen de voorkeur; ze zijn meestal resistent tegen rot in het loof.

Vroege aardappels planten

In milde streken kunnen nu de voorgekiemde vroege aardappels geplant worden. Bedek ze na het planten direct met een dunne mulchlaag en een laag gaatjesfolie of tuinvlies.

Bescherming tegen onkruid

Groentebedden die pas in de zomer beplant gaan worden, zaait u met een groenbemesting in.
Controleer het zaaibed van de in maart gezaaide wortels op onkruid. Zijn de tere kiemblaadjes van de wortels nog niet te zien, dan kunt u de opgekomen onkruiden ook afbranden met een soldeerlamp. Daarbij volstaat het om de kiemplantjes slechts te verhitten tot ze verwelken.

Ook andere bedden, waar u van plan bent groente direct te zaaien, bereidt u daar nu op voor door direct voor het zaaien eveneens het gekiemde onkruid af te branden.

Een aspergebed

Met voldoende ruimte in de tuin is de aanleg van een aspergebed het overwegen waard. Daarvoor is het nu de juiste tijd. Bij een al bestaand bed mag in het derde jaar op de eerste oogst gerekend worden. Hoog begin april de voren op en bedek ze met het oog op oogstvervroeging met folie.

Kweekbak en kas luchten

Let erop dat de vensters van broeibak en kas niet ondoorzichtig afgedekt zijn (bijvoorbeeld ook door sneeuwval). In combinatie met de zon leidt dat tot snel opwarmen. Na het luchten kan het binnen een paar minuten weer aanmerkelijk afkoelen. Op sommige dagen is men dan meer met luchten en ventileren bezig dan met andere karweitjes.
Kunt u de temperatuur niet constant regelen, dan is licht luchten in de ochtend en pas 's middags de lucht afvoeren beter dan oververhitting op de koop toe nemen. Cultiveer jonge planten, die later in de volle grond geplant worden, koeler om ze af te harden.

Op zonnige dagen moeten kweekbakken uitvoerig gelucht worden, zodat de planten kunnen afharden.

Eerste oogst

Bij gunstig weer kunt u tegen het eind van de maand al de eerste sla in de kas of bak oogsten. Ze is nog zacht en soms door bladluis aangetast. Voeg voor de zekerheid een flinke snuf keukenzout aan het waswater toe om de luizen te doden. Blijven er tegen de verwachting in toch enkele luizen op de bladeren plakken, dan beschouwt u ze maar als 'kruidluizen', die voor de goede smaak zorgen, en ziet ze over het hoofd met het zuivere geweten 100 procent onbespoten sla te eten. Mest de vrijgekomen ruimte vers en beplant ze met de tweede groenterij. In de warme kas kunt u al met komkommer, tomaat en paprika beginnen.

Boomgaard

De tijd voor het snoeien van vruchtdragende houtgewassen is nu definitief verstreken. Tot aan het eind van de maand kunt u echter zeker nog fruitbomen en bessenstruiken planten. Voorzover dat nog niet in maart is gebeurd, mest u de boomvlakken en de ruimte tussen bessenstruiken met compost en brengt daar een mulchlaag op aan.

Vruchtbomen veredelen

Met in de winter gesneden entrijzen kunt u nu gaan veredelen. De daarvoor voorziene onderstammen hebt u in de winter al flink teruggesnoeid. Voor de veredeling kort u ze nu nog eens in met ca. 20 cm, waarna u direct ent op de verse veredelingsplaatsen.
De veredelingstechniek die hier toegepast wordt, wordt V-enten genoemd.
Snijd de tot 4-6 ogen ingekorte entrijs met drie snedes aan de onderkant bij tot een driehoekige, spits toelopende V. Snijd daarna op de van tevoren glad bijgesneden onderstam een driehoekige wig uit die precies om de V van de entrijs sluit. Entrijs en onderstam moeten naadloos in elkaar passen. Daarbij mag de onderstam niet te hoog en niet te diep staan, terwijl de cambiumlagen van beide veredelingsdelen precies op elkaar moeten liggen. Steek vervolgens de rijs voorzichtig, maar stevig in de wig van de onderstam. Omwikkel de veredelingsplaats met bast en smeer het geheel zorgvuldig in met entwas.
Beginners kunnen het snijden het best eerst op oefenmateriaal proberen totdat ze een zekere vaardigheid erin te pakken hebben. Gebruik altijd een scherp mes om verwondingen te vermijden.

Vlak voor het veredelen worden de entkoppen nog eens iets ingekort.

Aardbeien planten

Aardbeien kunnen net zoals diverse groenten vervroegd worden door een afdekking met vlies. Dat gebeurt idealiter na het aanbrengen van een mulchlaag tussen de planten.

Abrikoos en perzik beschermen

Uit het zuiden stammende vruchtgewassen, zoals abrikoos en perzik, lopen tijdens hun vroege bloei nog groot vorstgevaar. Houd voldoende vlies, folie of enkele doeken bij de hand om ze indien nodig te beschermen. Haal het afdekmateriaal overdag weg om zeker te zijn van bestuiving door bijen.
Bij vruchtspalieren tegen de huismuur kan de koudebescherming aan de dakrand bevestigd worden; zo ontstaat er een kleine luchtruimte tussen bescherming en gewas.

Plantenbescherming bij fruit

Nu al moet u bij appels en peren aan de schurftbestrijding denken. Al voor het uitlopen kunt u preventief beginnen te sproeien met een verhoogde concentratie speciale fungicide (informeer ernaar bij de tuinder). Vanaf het uitlopen is sproeizwavel eveneens effectief. Eind april kunt u perenbomen door regelmatig te spuiten tegen perenroest beschermen.

Mei

Een bloemenzee voor tuin, terras en balkon

Overstromende bloemenpracht uit verschillende potten en bloembakken siert ieder huis.

Perk- en balkonbloemen, zo noemt de tuinder een groot repertoire van een- en meerjarige bloemen voor tuin, terras en balkon. De laatste jaren hebben kwekers ook voor het voor- en naseizoen een uitgebreid assortiment ontwikkeld, zodat huis en tuin tegenwoordig haast heel het jaar door met bloemen opgesierd kunnen worden.

Rond Pasen begroeten we de lente met verschillende voorgetrokken bloembollen – botanische tulpen, meerbloemige narcissen (bv. 'Tête-à-Tête'), gele narcis, druifhyacint, sneeuwklokje, krokussen, om slechts enkele te noemen. Samen met driekleurig viooltje, viooltje, vergeet-mij-niet, goudsbloem en bontbladige planten als klimop en hondsdraf kunnen uiterst fraaie, kleurrijke arrangementen samengesteld worden. Zulke combinaties verdragen lichte vorst probleemloos.

Wanneer na de ijsheiligen de warme dagen aanbreken, zijn de voorjaarsbloemen al uitgebloeid en kunnen ze dus tegen de zomerbloeiers ingeruild worden.

Uitgebloeide bloembollen kunt u in de tuin planten, zodat ze het volgend jaar opnieuw bloeien. Daarbij mag u het blad pas verwijderen als ze op hun plaatsje staan. In de herfst is het dan tijd om de zomerse balkonbeplanting te verruilen voor een vorstresistente wintertooi. Daarvoor zijn het brede assortiment heideplanten even zo goed geschikt als inheemse winterharde heesters of eenvoudig in substraat gestoken coniferentakken, die u met de kersttijd kunt optuigen.

Dankzij talrijke nieuwe cultivars van kwekerijen kunt u tegenwoordig uw bloemenpracht uit een welhaast reusachtig aanbod van planten kiezen. Met enige inventiviteit en goede adviezen vindt u stellig voor iedere denkbare standplaats gepaste planten. In de tabel op blz. 58 vindt u een aantal voorbeelden.

Een bekoorlijke aanvulling op de normale perk- en balkonbloemen zijn **eenjarige klimplanten**, zoals suzanne met de mooie ogen, klokwinde, wikke, Oost-Indische kers, sierkalebas en pronkboon.

Tips voor het inrichten van bloembakken

Bij de keuze van planten voor bloembakken, kuipen, schalen e.d. kunt u zich het beste haast uitsluitend door optische gezichtspunten laten leiden. Enkele tips:

- Houd bij de keuze van kleuren rekening met de achtergrond.
- Een zeer fleurig effect sorteren combinaties van de drie primaire kleuren rood, geel en blauw.
- Wit laat de andere gekozen kleuren stralen.
- Een ton-sur-ton beplanting verleent het bloemenarrangement van uw bloembakken een apart cachet.
- Voor de normale inrichting is het belangrijk om hangende en staande balkonplanten met elkaar te combineren. Zet daartoe planten die in bloembakken staan aan de achterkant en daartussen hangende planten aan de voorkant.
- Voor een bloembak van 1 meter lang hebt u vijf tot tien planten nodig.

Helichrysum 'Baby Gold', *Sanvitalia* 'Aztekengold' en het Million Bells-toverklokje 'Trailing Blue' zorgen voor een levendig kleurencontrast op zonnige terrassen.

Balkonplanten verzorgen

In de regel vragen zomerbloemen weinig zorg. Regelmatig snoeien van uitgebloeide bloemen is belangrijk voor het bewaren van de rijke bloei. Voldoende water geven en bemesten spreken voor zich. Voor het bemesten kunt u het beste speciale voorraadmeststoffen voor bloembakken als Osmocote gebruiken. Ze zijn in hun gehaltes aan voedingsstoffen exact op de behoeften van zomerbloemen afgestemd. Meestal is hun werking toereikend voor het hele tuinseizoen.

Op goede potgrond letten!

Voor planten in schalen en bakken is het gebruik van kwalitatief uitstekende potgrond een absolute must. De aarde moet een toereikende opslag van water en voedingsstoffen garande-

Balkonbloemen voor zon en halfschaduw

Nederlandse naam	Botanische naam	Bloeitijd	Bloemkleur	Groeivorm[1])	Opmerking
Hangende kattestaart	*Acalypha hispaniolae*	V – X	rood/wit	h	katjesachtig, hangende bloemen, ook voor halfschaduw
Guichelheil	*Anagallis monelli*	V – X	blauw	h	prefereert minder lichte standplaatsen
Begonia	*Begonia semper-florens*-hybriden	IV – X	roze, rood, wit	st	er zijn ook donkerblauwe variëteiten
Tandzaad	*Bidens ferulifera*	IV – XI	geel	st – h	sterk groeiend, sierlijk blad
Blauwe ganze-bloem	*Brachyscome multifida*	IV – XI	blauw, violet, roze	st – h	rijk bloeiende begeleidende plant voor perk, bak, als hangplant
Chrysant	*Chrysanthemum*-variëteiten	IV – X	wit, geel	st – h	geel- of witbloeiende begeleidende plant
Winde	*Convolvulus sabatius*	V – XI	blauw	h	zonverdragende hangplant
Kokerbloem	*Cuphea ignea*	IV – X	rood/wit	st	ook voor halfschaduw
Tuinanjer	*Dianthus caryophyllus*	V – XI	roze, rood, wit	h st	ook voor halfschaduw voor zonnige plaatsen
Elfenspoor	*Diascia*-variëteiten	V – XI	roze, oranje	h	rijk bloeiend, sterk groeiend, heeft terug-snoei nodig
Satijnbloem	*Dimorphotheca pluvialis*	V – X	wit/blauw, geel, roze, violet	st	voor zonnige plaatsen
Fijnstraal	*Erigeron karwinskianus*	IV – XI	wit/roze	h	groeit als ganzebloemen, bij uitbloeien roze
Heliotroop	*Heliotropium arborescens*	IV – XI	blauw, violet, roze	st	sterk geurende zomerbloemen
Verkleurboom	*Lantana camara*	V – XI	wit, oranje, geel, violet	st	verandert tijdens bloei de bloemkleur
Tuinlobelia	*Lobelia erinus*	V – VIII (– X)	wit, blauw, violet	st – h	stekvariëteiten bloeien langer en zijn for-ser
Schildzaad	*Lobularia maritima*	V – X	wit, roze, violet	st – h	bodembedekkende plant voor perk, als hangplant, bak
Wederik	*Lysimachia congestifolia*	V – X	geel	h	geelbont blad
Nemesia	*Nemesia*-variëteiten	V – XI	wit, blauw, roze	st – h	rijk bloeiend, sterk groeiend, heeft terug-snoei nodig
Petunia	*Petunia*-hybriden	V – XI	rood, roze, wit, blauw, geel	st – h	bekende perk- en zomerbloem
Surfinapetunia	*Petunia*-Surfinia®-hybriden	IV – XI	rood, violet, wit, blauw	h	sterk groeiende zomerbloem
Sanvitalia	*Sanvitalia procumbens*	V – X	geel, geel-bruin, oranje	st – h	bloem als kleine zonnebloem, ook gevulde variëteiten
Scaevola	*Scaevola aemula*	V – XI	blauw, violet, roze	h	mooie blauwbloeiende hangplant
Sutera	*Sutera diffusus*	IV – XI	wit	h	rijk bloeiend, nieuwe variëteiten ook roze
IJzerhard	*Verbena*-variëteiten	V – XI	violet, wit, rood, roze, oranje, blauw	st – h	rijk bloeiend, oude bekende zomerbloem

[1]) st = staand, h = hangend

ren en vooral in regenrijke jaren een stabiele structuur bezitten, en mag dus niet inzakken of dagenlang nat blijven. Inmiddels brengen verschillende fabrikanten turfloze potgrond voor bloembakken op de markt, die uitstekend aan deze eisen voldoet.

Rijke keus aan containers

Neem altijd zo groot mogelijke containers, zodat u de planten voldoende voedingsstoffen en water kunt geven.
Vergeet bij het planten niet in de containers afvoergaten aan te brengen voor overtollig regen- en gietwater. Er zijn kunststofcontainers met ingebouwd waterreservoir verkrijgbaar.
Dat is beslist een zinvol systeem, vooral voor de vakantietijd of personen die wegens hun werk veel op reis zijn.
Ter overbrugging van enkele dagen kunnen infusieflessen als waterleverancier dienen. Test alle hulpmiddelen voor het geven van water altijd meerdere malen uit en stel ze exact af, zodat ze zeker functioneren.

Een druppelsysteem geeft bakken, kuipen en schalen naar behoefte water.

Voor- en nadelen van kunststof en aardewerk

Kunststofcontainers breken niet gemakkelijk en zijn licht, plantvriendelijk, in verschillende kleuren leverbaar en goedkoop. Aardewerken containers zijn van natuurlijk materiaal, krijgen een mooie patina en zorgen ervoor dat kuipplanten stabiel staan.
Bijzonder donkere potten, bakken en schalen worden in de zon heel warm; daardoor wordt de wortelgroei sterk gehinderd. Over de containerrand hangende planten voorkomen oververhitting. Daarvoor zijn hangplanten als elfenspoor, hanggeranium, hanggazania, surfinia, sneeuwvlokkenboom of blauwe mauritius geschikt.
Tegen extreme temperaturen, zowel in de zomer als in de winter, isoleert een 10 tot 15 cm dikke piepschuimplaat tegen de binnenkant van de container. Bij een groter aantal schalen, bloembakken en kuipplanten is een automatisch irrigatiesysteem het overwegen waard. Dit soort systemen registreert via vochtvoelers automatisch de waterbehoefte van planten en stemt daar de watertoevoer op af. Afhankelijk van de grootte en de technische complexiteit kunt u voor al 50-75 euro een dergelijke complete installatie aanschaffen. Het aanbod reikt van eenvoudige, maar zeer praktische aardewerken zuigkegels met waterslang tot computergestuurde automaten, die ook geschikt zijn voor de beroepstuinder.
Met een goede verzorging en voldoende bemesting zijn veel perk- en balkonplanten bestand tegen lichte vorst in de herfst. Om grotere schade te vermijden is het raadzaam vanaf begin oktober vliesdoeken, dekens of grote dozen klaar te leggen als bescherming tegen eventuele nachtvorst.

Tip

Terracotta potten, bakken en schalen kunnen met een laag waterverf tegen kalkaanslag beschermd worden.

Balkonplanten laten overwinteren

Als u over een geschikte vorstvrije en lichte ruimte beschikt, kunnen perk- en balkonplanten daar overwinteren. Niet alle soorten zijn ervoor geschikt, aangezien sommige na een vegetatieperiode sterven. Geraniums, fuchsia's en vele andere kunt u samen met de kuipplanten, na ze gesnoeid en op schadelijke beestjes gecontroleerd te hebben, naar hun winterkwartier overhevelen. Voldoende, maar voorzichtig water geven is dan belangrijk: in geen geval mogen de planten te vochtig worden gehouden, want anders gaan ze door het geringe verbruik in de winter gemakkelijk rotten. Sommige kwekerijen bieden de overwintering van kuipplanten als speciale dienst aan. Daar worden de planten onder ideale omstandigheden verzorgd, zodat ze het volgende jaar weer bloeien en stralen.

Kuipplanten op balkon en terras

Kuipplanten brengen ons een zuidelijke feeststemming op terrassen en balkons. Veel ervan zijn inheems in het Middellandse-Zeegebied en doen het ook bij ons goed in de zomer. Vijg, oleander, citrusvruchten, geranium-, fuchsia- en margrietboompjes en engeltrompetten zijn wijdverbreid en bij iedereen bekend. Heel wat minder vaak vinden we passiebloemen, kaasjeskruid (*Abutilon*), blauwe tuberoos (*Agapanthus*), mannentrouw (*Plumbago*), mirre (*Myrtus communis*), gentiaanboom (*Solanum rantonnetii*), klimmende aardappel (*Solanum jasminoides*), viooltjesstruik (*Iochroma*), bananen (*Musa*-soorten), verschillende palmen (*Phönix*, *Trachycarpus*, *Washingtonia* en andere), bougainville, lampenpoetser (*Callistemon*), boomtomaat (*Cyphomandra*) en vele meer.

Ook bij de kuipplanten hebben vele nieuwkomers de laatste jaren het oude bekende assortiment danig uitgebreid, zodat iedere opmerkzame plantenliefhebber telkens wel weer wat nieuws kan ontdekken. Aangezien kuipplanten dikwijls sterk verschillende eisen stellen, is uitvoerig advies bij het kopen een absoluut noodzakelijke voorwaarde voor een succesvolle verzorging. Zie daarover ook blz. 120.

Gespecialiseerde kuipplantkwekerijen bieden een reusachtig assortiment aan. Bij veel soorten is de overgang van kamer- naar kuipplant vloeiend. U kunt het gerust eens proberen verschillende kamerplanten domweg op een in eerste instantie beschut plekje buiten te zetten. Verschillende rubberplantsoorten (*Ficus*), hibiscus, potgerbera, kameryucca en de meeste cactussen gedijen goed op een zomerplekje op het terras. Een zeer voorzichtige gewenningsfase is bij deze planten belangrijk. Zorg bovendien voor een goede, onfeilbare waterafvoer langs de potbodem. Cypergras (*Cyperus*) kan ook buiten permanent in water staan.

Mannentrouw *(Plumbago auriculata)* breekt makkelijk. Aan een steun van bamboestokken kan ze zich goed ontwikkelen.

In combinatie met een mooi tuinameublement en terracotta potten scheppen kuipplanten een bekoorlijke mediterrane sfeer.

Gazon en bloemenweide

In veel tuinen is het gazon niet alleen het middelpunt, maar ook ligveldje en speel- en voetbalterrein in één. Opdat het gazon zich van al zijn veelzijdige taken kan kwijten, moet u op enkele dingen letten.

Een gazon aanleggen

Een goede **grondvoorbereiding** op de nieuwe aanleg is een essentiële voorwaarde voor het duurzaam gedijen van een gazon. Afhankelijk van de situatie begint de grondvoorbereiding met het openbreken van bodemverdichtingen. Dat kan bij grote oppervlakten met een door een tractor getrokken cultivator gebeuren, bij kleine oppervlakten door twee of drie steken diep omspitten.

Bouwpuin, grote stenen en hout worden verwijderd. Daarna maakt u de grond goed los – bij grotere oppervlakten met een grondfrees – en brengt indien nodig humus of zand als bodemverbeteraar aan. Nu komt het erop aan met een houten hark de bodem zo goed mogelijk te egaliseren (planeren). Kleinere oneffenheden worden glad gemaakt en het latere bodemprofiel ontstaat. Een fijnkruimelig oppervlak vergemakkelijkt het inwerken van het zaad. Tegelijkertijd verwijdert u nog eens grove stenen en bodemdelen. Nu kunt u gaan zaaien. De keus van het gazonzaadmengsel hangt af van het beoogde gebruiksdoel. Graszaadmengsels zijn er in legio soorten en van allerlei fabrikanten. Het ene mengsel is kwalitatief beter en geschikt voor een bepaald doel, het andere weer voor dat doel, enz. Het beste kunt u zich goed laten adviseren door een gerenommeerde

Inzaaien van het gazon
Zorgvuldig de grond effenen vergemakkelijkt het zaaien en het latere onderhoud.

Het juiste zaadmengsel garandeert dat alle werk de moeite loont. Hier wordt het in de strooiwagen gestort.

Een met de hand getrokken zaaiwagentje zorgt voor een gelijkmatige verdeling van het zaaigoed.

Nadat het zaad licht ingewerkt werd, moet u tot aan de kieming toereikend en regelmatig sproeien.

Een gazon is niet alleen ligweide en speelveld, maar ook een vormgevend element, dat verschillende delen van de tuin met elkaar verbindt.

Tip

Af te raden zijn weidezaadmengsels die veel eenjarige soorten als klaprocs, korenbloem, enz. bevatten. Zulke, vaak als 'veldbloemenmengsels' aangeboden zakjes geven weliswaar het eerste jaar een bonte 'weide', maar in het tweede jaar begint het grasaandeel en daarmee een kleurloos groen te overheersen. Zulke mengsels zijn alleen geschikt als begroeiing van kale vlakte voor één jaar en moeten jaarlijks nagezaaid worden. Mengsels met overblijvende kruidachtige planten ontwikkelen zich aanvankelijk zeer langzaam.

tuinder of tuincentrum. Reken ongeacht het uiteindelijk gekozen mengsel op 20-30 g/m^2.

Na het zaaien egaliseert u het oppervlak nog eens met de houten hark om de zaadkorrels door de aarde te werken. Alvorens water te geven rolt u het oppervlak met een gazonwals (te huur bij tuincentrum of doe-het-zelfzaak) mooi vlak. Aangezien het ingezaaide gazon na het eerste sproeien niet meer mag opdrogen, is het raadzaam om korte, maar regelmatige sproei-intervallen aan te houden.

Gazons die vanaf half september gezaaid worden, lopen gevaar bij vroege vorst.

Bij een hoogte van 8-10 cm mag u het gras voor de eerste maal tot op 3-4 cm maaien. Een scherp maaimes beschadigt het gras niet onnodig. De tweede en volgende maaibeurten volgen al bij een hoogte van 6-8 cm. Laat u het gras te hoog groeien, dan gaat het maaien de volgende keer merkbaar moeilijker. De maaihoogte hangt af van het gazontype. In de zomer laat u het gras ietsje hoger groeien.

Het maaisel is voortreffelijk mulchmateriaal. De eerste bemesting volgt ongeveer zes weken na het zaaien. Gazongras krijgt een mest met de nadruk op stikstof. Geef met tussenpozen van acht weken afwisselend ca. 20 g/m^2 van een organische of minerale stikstof- en complete meststof, het beste bij betrokken weer, in geen geval in de volle zon. Sproei daarna goed, zodat het gras niet verbrandt.

Een bloemenweide aanleggen

Heel wat meer werk vergt de aanleg van een bloemenweide. In de natuur gedijen de prachtigste magere weides op bijzonder karige standplaatsen. Voor een grote soortendiversiteit moeten magere bodemverhoudingen geschapen worden. Enkele aandachtspunten:

- Werk voor een bloemenwei in plaats van humus en compost fijne en grove split of zand in de bodem.
- Vermijd alle bemesting.

- Geef eventueel alleen na het zaaien water.
- Maai slechts tweemaal per jaar met de zeis of balkenmaaier.

Het maaisel kunt u tot hooi laten drogen. Daarbij vallen de zaden van eenjarige kruiden af en zorgen zo voor de eigen instandhouding. Er gaan enkele jaren overheen voordat er uiteindelijk een mooie wei wordt verkregen. Soms lukt dat ook na jaren niet en bestaat de wei overwegend uit hoog gras met nauwelijks bloeiende bloemen. Dat kan afhankelijk van de bodemverhoudingen verschillende oorzaken hebben.

Ook voor bloemenweides worden allerlei zaadmengsels aangeboden. Beperk u bij de keuze van soorten uitsluitend tot inheemse planten.

Zaadmengsels bevatten naast een hoog aandeel aan grassoorten een scala aan kruiden en bloemen. Altijd zal er een deel van de ontkiemde planten sterven of in het tweede standjaar niet meer verschijnen, aangezien er door de gegeven bodemverhoudingen zelfs onder optimale condities een sterke natuurlijke selectie plaatsvindt. Daar staat tegenover dat zich uit de omgeving 'vreemde' soorten kunnen nestelen in een extensief onderhouden weide. Verscheidene waardevolle soorten kunnen ook rechtstreeks in de aangelegde bloemenweide geplant worden.

Van gazon naar bloemenweide

Uit een oud gazon kan zich door uw toedoen een weide ontwikkelen. Meestal hebben zich daarin al enkele bloemen als ganzebloempje, margriet en veldkers gevestigd. Ook hier moet u voor een verandering van de (te goede want voedingsstofrijke) bodemverhoudingen zorgen, want de rijke voedingsstoffenvoorraden bevorderen vooral het gras, terwijl de bonte bloemenpracht zich eerder op magere bodem ontwikkelt. Vermager dus de grond door een 2-4 cm dikke laag split of zand op te brengen en tussen het gras te werken. Haal bij het in het eerste jaar nog regelmatige maaien (3-4 keer) hoe dan ook het maaisel weg om zo veel mogelijk voedingsstoffen aan de bodem te onttrekken. In de daaropvolgende jaren vermindert u het aantal maaibeurten geleidelijk tot uiteindelijk twee keer maaien per jaar: begin juni en eind september.

Met deze methode neemt de overgang van gazon naar bloemenweide enkele jaren in beslag, afhankelijk van de standplaats, bodem en uitgangstoestand van het gazon. Door het zaaien en planten van verschillende kruidachtige planten kunt u de ontwikkeling ervan iets versnellen.

Bloemenweides kunnen met de balkenmaaier of zeis gemaaid worden.

Afhankelijk van de standplaats ontwikkelen zich in een bloemenweide verschillende kruidachtige planten. Magere bodems vergroten de soortendiversiteit.

Wat te doen in mei

Van oudsher is de maand mei in het verloop van het jaar van bijzondere betekenis. Nu ruimt de koude tijd definitief het veld voor groei en bloei. Hoewel nu de arbeidsintensiefste tijd van het jaar aanbreekt, zouden we toch elke keer weer de moeite moeten nemen om het levendige gebeuren in de tuin en natuur opmerkzaam te observeren.
Wij tuiniers kunnen mei in twee stukken indelen, vóór en na de ijsheiligen. De ijsheiligen beginnen op 11 mei en eindigen op 15 mei. Daarmee is nu meestal het gevaar van late vorst geweken.

Siertuin

Zomerbloemen in het vaste perk

Tussen vaste planten kunt u zomerbloemen planten – bijvoorbeeld leverbalsem, sleutelbloem, aster en dwergaster, hanenkam, chrysant, dwergdahlia, zomeranjer, atlasbloem, zonnebloem, siertabak, kaasjeskruid, mannentrouw, maskerbloem, ricinus, zonnehoed, salie, spleetbloem, ijzerhard. Vooral in jonge vaste perken kunt u daarmee uitstekend nog aanwezige hiaten delgen en voor bloemenpracht gedurende de gehele vegetatieperiode zorgen. De planttijd voor zomergroene loofhoutgewassen is nu afgesloten.

Voor **veenborderplanten** geldt dat nog niet – daarvoor breekt nu juist de ideale planttijd aan. Daar ze meestal in zuivere turf gecultiveerd zijn, is voldoende kluitvochtigheid bij de planten zeer belangrijk.

Het beste kunt u de kluit van veenborderplanten enkele uren in een kuip met water zetten, zodat de vervilte wortelkluit zich vol kan zuigen.

De aanleg van een veenborder

Veenplanten hebben zure bodemverhoudingen nodig. In kalkrijke streken is dat op langere termijn alleen mogelijk door de aanleg van een geïsoleerde veenborder. Voorwaarde daarvoor is de consequente scheiding van de veenborder van de omringende moederbodem.

De opbouw van de border komt nauw overeen met die van een tuinvijver. Graaf allereerst een ca. 50 cm diepe kuil met het oppervlak van de latere veenborder uit. In tegenstelling tot bij de vijveraanleg steekt u de randen loodrecht af.

Nu volgt de belangrijkste en soms zeer lastige werkfase: de aansluiting van een afvoersysteem dat gegarandeerd blijft functioneren. Leg daartoe vanaf het diepste punt van de kuil een slang of buis met een diameter van minstens 1 duim – afhankelijk van de omvang van de veenborder – aan naar een dieper gelegen leiding of vrije afvoer. Bekleed daarna de kuil

IJzergebrekchlorose bij rododendrons wijst op een te hoge pH-waarde van de grond. Is de schade echter al zo ver voortgeschreden als hier, dan is ook behandeling met een ijzermeststof uitzichtloos.

met vijverfolie. De folie mag in dit geval slechts 0,5 mm dik zijn. Schroef de afvoer onder de folie met een wastafelaanslui-

ting in de folie. Leg over de afvoer een vlieslaag om te voorkomen dat er aarde mee de leiding in stroomt.
Stort vervolgens op de folie een 5-10 cm dikke laag piepschuimafval of kalkloze kies voor een betere afwatering van de veenborder.
Daarop volgt een vlieslaag voor het scheiden van drainage en veenborderaarde.

Zure aarde
Nu volgt de aarde van de veenborderplanten. U kunt de aarde zelf mengen door grofkorrelige witte turf met ca. 20 % schorshumus (voor een betere doorluchting) te vermengen. U kunt ook een kant-en-klaar mengsel kopen. Knip tot slot de aan de rand uitstekende folie af of sla de rand om en camoufleer hem goed.

Reeds bij de aanleg moet u erop letten dat er geen water van andere delen van de tuin de veenborder in kan stromen, aangezien de pH-waarde van de veenborder daardoor gedurende lange tijd kan stijgen.

Bij de beplanting kunnen veel vaste planten en grassoorten met **rododendrons** en **azalea's** gecombineerd worden. Ook verschillende varens en andere bos- en bosrandplanten zijn prima geschikt.

Zomerbloembollen

Bloembollen en knollen, die in april alleen met een bescherming tegen koude geplant hadden kunnen worden, kunnen na de ijsheiligen probleemloos zonder bescherming de grond in. Een dichte, niet te dikke mulchlaag bevordert hun uitkomen.
Veel bolbloemen zijn al uitgebloeid. Verwijder slechts de rijpende zaadvruchten en laat de groene bladeren eraan zitten tot ze vergelen aan de plant; u kunt ze er dan zonder krachtsinspanning aftrekken. Wilt u bloembollen uit het perk halen, dan steekt u ze voorzichtig uit en verwijdert het blad pas nadat het ingedroogd is. Verwijder ook bij andere bloemen en heesters de uitgebloeide plantendelen. Daarmee bespaart u de planten de krachtvretende vruchtvorming, wat bevorderlijk is voor een betere groei.

Eerste snoei van vaste planten

De in het voorjaar bloeiende zodenvormende planten kunt u na de bloei terugsnoeien met een papierschaar. Bij de hoge borderplanten, die in de zomer bloeien, kunt u door terugsnoeien van de scheuten de bloei uitstellen tot hartje zomer. Ook de **sneeuwheide** wordt nu, na de bloei, teruggesnoeid. Wilt u de plant compact houden, dan snijdt u de uitgebloeide bloeiwijzen compleet weg.

Getrokken gladioolbollen kunnen na de ijsheiligen zonder meer geplant worden.

Planttijd voor balkonplanten

Na de ijsheiligen, midden mei, breekt de planttijd voor zomer- en balkonplanten aan. Veel tuinderijen en tuincentra houden al in begin van de maand speciale open dagen of koopzondagen, tijdens welke nieuwigheden worden gepresenteerd en u voorgelicht wordt over allerhande facetten met betrekking tot balkon- en kuipplanten. Voorwaarde voor hun gezonde gedijen is een hoogwaardige balkonbloemen- of kuipplantenaarde. Ze moet voldoen-

Bij rozen moeten de wilde loten (links) helemaal verwijderd worden.

de voedingsstoffen en water kunnen opslaan en duurzaam een stabiele structuur bewaren. Kies om ecologische redenen voor een product zonder turf.
Ook balkon- en kuipplanten die overwinterd hebben, kunnen nu eindelijk naar buiten toe. In eerste instantie zet u ze nog op een plekje met wat schaduw, zodat de gevoelige bladeren en scheuten geen zonnebrand oplopen. Na enkele dagen kunnen ze dan indien mogelijk bij regenachtig weer in de volle zon gezet worden.

Wilde loten bij rozen snoeien

Houd bij rozen nauwlettend de ontwikkeling van wilde loten onder de veredelingsplaats in de gaten. Ze zijn gemakkelijk te herkennen aan hun licht geveerde blaadjes. Leg, om ze te verwijderen, de rozenwortels aan de zijkant iets vrij en scheur de wilde loten er met een stevige ruk af. Te grote wonden sluit u met kunstschors uit de tube.

Grasmaaisel als mulch

De vele pas geplante bloemen en groenteplanten zijn blij met een mulchlaag van gemaaid gras. Een 2-3 cm dikke laag volstaat. Deze laag wordt door bodemorganismen snel afgebroken, zodat u na enkele weken opnieuw moet mulchen. Daardoor ontstaat er een mulchcylcus, waarmee u twee vliegen in één klap slaat: de planten varen er wel bij en u bent mooi van uw grasmaaisel af.

Moestuin

Groente en kruiden zaaien en planten

Na de ijsheiligen zaait u **warmteminnende groentesoorten** als **bonen** en **komkommers**. Mocht u ze al in april als voorcultuur in potten gezaaid hebben, dan plant u ze nu buiten. Door de voorcultuur zijn de planten sterker en beter bestand tegen slakken.
Vanaf nu kan ook het warmteminnende **basilicum** gezaaid worden.
Bij de keukenkruiden is een toereikend plantenbestand belangrijk, zodat u met een gerust hart kunt oogsten zonder dat uw voorraad opraakt (haal bij een oogst nooit meer dan 25 % tegelijk weg). Bij zeer groot verbruik zorgt u door enkele malen na te zaaien voor voldoende voorraad.
Alle voorgekweekte groenten kunnen vanaf het midden van de maand de volle grond in. Dek de eerste tijd de **koudegevoelige soorten** 's nachts nog wel af met tuinvlies.

Tomaten telen

Tomaten in de volle grond zijn zeer gevoelig voor natheid van scheuten en bladeren; dan kan gemakkelijk de gevreesde rot in het loof of bruinrot toeslaan. Bovendien kunnen de vruchten aan het eind van hun rijptijd bij regenachtig weer gemakkelijk openbarsten. Bescherm ze daartegen met een folieoverkapping. Sla, afhankelijk van de grootte van het tomatenbed, ca. 2,50 m

Vleestomaten, kerstomaten, eiertomaten, peertomaten, gele tomaten, enz. Slechts weinig groenten bieden een dergelijke rassendiversiteit.

lange palen aan beide zijden in de grond, waarbij u erop let dat ze – net zoals bij de kweekbak – aan één kant iets korter zijn. Bevestig aan de palen een frame van houten latten, dat u van tevoren met folie bespannen hebt. Schroef het frame goed vast, aangezien het raam de wind een groot aangrijpingsvlak biedt.
Bij een voldoende stevige constructie kunnen de tomatenplanten langs snoeren omhoog geleid worden.

Aan snoeren aanbinden

Maak komkommer- en tomaatplanten op ca. 20 cm hoogte met een halve slag vast aan grof sisaltouw. Het aanbinden kan het beste gebeuren vóór het water geven, zolang de stengels nog enigszins verwelkt zijn en minder gemakkelijk afbreken.
Bij het omhoogleiden langs het snoer moet het snoer om de plant en niet de plant om het snoer geleid worden! Wikkel het snoer vrij nauw onder de bladaanzetten. Dat geeft stevig houvast en dat is erg belangrijk, want door de rijpende vruchten komt er heel wat gewicht aan de planten te hangen. Houd daar ook alvast rekening mee bij de bouw van de hangconstructie voor de snoeren. Bespan tijdens de aanvankelijk nog koele nachten ook de zijkanten van de constructie met folie, zodat er een kleine provisorische kas ontstaat.

Komkommers uit de kas

Een bijzonder grote opbrengst geven op pompoenonderstammen veredelde kaskomkommers. Wijdverbreid zijn de rassen Bella F1 en Sandra F1. Leg hun wortelkluiten simpelweg op de grond en aard ze licht aan om direct contact van de komkommerstengels met de bodem te vermijden. Mocht het bij de kweker nog niet gebeurd zijn, dan moet u de komkommerrank van zijn eigen wortels scheiden. Snijd met een scherp mes de komkommerscheut onder de veredelingsplaats af. Bij kaskomkommers moeten tijdens de cultuurtijd telkens weer bloemen verwijderd worden, aangezien de planten anders snel uitgeput kunnen raken en afsterven.
Mulch de bodem direct na het planten van de komkommers met een beschermende laag blad, stro of grasmaaisel.

Andere groenten opkweken

Door opnieuw uitzaaien van verschillende **slasoorten** en **koolgroenten** verkrijgt u jonge planten voor de opvolgende

Zuiver vrouwelijke kaskomkommerrassen als 'Sandra' en 'Bella' geven een zeer hoge opbrengst. Ze vergen intensieve verzorging en voldoende bemesting.

teelt. Zet te dicht op elkaar staande zaailingen na het uitlopen uit elkaar. Groentesoorten met lange wortelhalzen, zoals **kool, bonen** en **erwten**, kunnen tot aan de kiembladeren aangeaard worden. Leg bij **vroege aardappels** een kleine dam aan. **Prei** kan in kleine kuiltjes geplant worden.
Wanneer de planten aangeslagen zijn en zich goed ontwikkeld hebben, gooit u de gaten dicht; dat stimuleert een krachtige ontwikkeling van de preistengels.
Bescherm **koolsoorten, rettich, radijs, prei** en **wortel** met een net tegen groentevliegen.
Op zijn laatst eind mei verwijdert u van alle bedden de vlies- of foliebedekkingen die als bescherming tegen koude aangebracht waren. Betrokken weer is daar het geschiktst voor. Lucht zachte planten al enkele dagen van tevoren, zodat ze kunnen afharden.

Boomgaard

Bij warm, droog weer is regelmatig water geven aan net geplante bomen en struiken uiteraard belangrijk. Aalbessen hebben tijdens en na de bloei bijzonder grote dorst. Bescherm hun bloesems tegen nachtvorst.

Stromulch tussen de aardbeien houdt zowel de bodem als de planten in goede conditie.

Grondvlakken rond bomen mulchen

De boomvlakken worden gemulcht of met een groenbemesting ingezaaid. Daarvoor is **Oost-Indische kers** heel geschikt, want ze verdrijft luizen. Tussen bessenstruiken kunt u met grasmaaisel mulchen. In veel tuinen is een mulchlaag van verse schors te zien, maar daar is een groot risico aan verbonden. Deze meestal zeer verse schors bevat harsen en looistoffen, die de bomen als middel tegen ongewenste begroeiing met mos, korstmos en andere planten op hun schors inzetten. Deze actieve stoffen worden in de grond echter slechts langzaam afgebroken en kunnen zich in de loop der jaren ophopen. Een armtierige groei en het sterven van planten kunnen daarin hun oorzaak vinden.

Besvruchten verzorgen

Frambozen en bramen worden aan de steunconstructies aangebonden, zodat ze stevig houvast hebben voor de vruchtvorming. Mochten de aardbeien nog niet gemulcht zijn, dan is het daar nu de tijd voor. Verwijder eerst ontkiemend onkruid en breng aansluitend tussen de planten onder de knopaanzetten een laag stro of grasmaaisel aan.

Selectieve ongediertebestrijding

Net zoals in de sier- en moestuin is nu op de eerste warme dagen de controle op schadelijk gedierte zeer belangrijk. Vooral **bladluizen** kunnen zich explosief vermeerderen. Sproeien met een zelfgemengde zeeploog of een nuttige dieren sparend kalizeepmiddel biedt snel uitkomst en verdrijft de nuttige dieren niet.
Snoei door **topverdorring** (*Monilia*) aangetaste zure-kerstakken radicaal terug tot ca. 10 cm in het gezonde hout. De ziekte is gemakkelijk te herkennen aan de naar binnen gedraaide, omlaag hangende bladeren. Met de preventieve schurft- en roestbestrijding vervolgt u volgens de instructies (zie blz. 54).

Juni

De tuinvijver

De waterlelie 'James Brydon' is een zeer aanbevelenswaardige cultivar.

Water oefent op ons een ongelooflijke aantrekkingskracht uit. Of kleine kinderen nu in plassen spetteren of opa en oma van het fonkelen van de zonnestralen op de zee genieten, water trekt onze aandacht. De wens zelf een vijver te bezitten is dan ook maar al te begrijpelijk en met enige handigheid ook vlug gerealiseerd. Met water gevulde bakken, zoals halfhoge tonnen, kunnen ook op zonnige balkons staan.

Planning, aanleg en beplanting

Al voor de eerste spadesteek dient u grondig na te denken over de juiste standplaats, grootte en diepte, het bouwmateriaal en de beplanting van uw vijver.

Een grote rol in de planning komt toe aan de inpassing van de vijver in de omringende tuin. Enkele aandachtspunten waarmee u rekening moet houden:

- Soms kan de uitgegraven aarde meteen voor de aanleg van een rotstuin gebruikt worden.
- Van een nabijgelegen zitplaats kan men de planten en dieren van de vijver bijzonder goed observeren.
- Een in de vijver uitmondende, kleine waterval schept nog meer afwisseling in de tuin. Op die manier kunnen zelfs verschillende waterplaatsen met elkaar verbonden worden.
- Door watervlakken in de tuin wordt het voor verschillende planten belangrijke microklimaat positief beïnvloed. De luchtvochtigheid in de tuin gaat aanmerkelijk omhoog en schept zo voor veel planten aangename groeiomstandigheden.
- Ideaal voor een vijver zijn plekjes in de zon of halfschaduw; te schaduwrijke standplaatsen remmen namelijk de ontwikkeling van planten en dieren.
- Vermijd grote loofbomen en struiken in de buurt om te verhinderen dat er al te veel herfstblad in het vijverwater terechtkomt.
- Geef bij de inrichting van de vijverrand de voorkeur aan vochtminnende, ook in de natuur aan water groeiende planten; dat biedt de diersoorten die zich er vestigen optimale omstandigheden.
- Een dichte beplanting van de oever- en ondiepe waterzo-

nes is een voorwaarde voor een rijkgeschakeerde fauna, die de vijver én tuin pas echt tot leven brengt.

De vijverafdichting

Is de standplaats van de tuinvijver eenmaal bepaald, dan moet het vijvermateriaal gekozen worden. **Kant-en-klare** vijvers (polyester) zijn de eenvoudigste manier, maar persoonlijke wensen zijn daarmee helaas zelden bevredigend te verwezenlijken. Vijvers van variabele bouwmaterialen vragen weliswaar om een grotere technische handigheid, maar vergoeden dat ruimschoots met een aanzienlijk betere inpassing in het aanwezige terrein.

Pvc-vijverfolie is een beproefd, ideaal bouwmateriaal. Let bij de aankoop op de kwaliteit van de pvc. De folie moet een dikte van 1,0-1,5 mm hebben en er moet een tienjarige garantie op materiaal en sealnaden op zitten. Er zijn nog andere, goed verwerkbare soorten kunststoffolie die langer meegaan, maar ook iets duurder zijn.

Andere bouwmaterialen, zoals ruwe dakpannen en silicaatmatten, vergen grote knowhow bij het gebruik en ze zijn voor de onervaren vijverbouwer daarom ongeschikt.

In de handel is geotextiel in verschillende diktes te koop als beschermende onderlaag onder de pvc-folie. Neem ook hier het zekere voor het onzekere en koop goede kwaliteit, zodat u niet verrast wordt.

Tip

Stukken pvc-folie worden aan elkaar geseald. Een duurzame, zekere naad vraagt om absoluut schoon werken, indien mogelijk bij warm weer en met voldoende ervaring. Hebt u er geen ervaring mee, dan kunt u de stukken beter niet zelf aan elkaar lassen, maar de folie al geplakt in de gewenste maten bestellen.

Hier wordt een folievijver met gevarieerde oeverzone gebruikt. De niveaus voor verschillende waterhoogtes zijn goed te herkennen. De dam verhindert dat vijveraarde zou wegzakken.

Vorm en omvang van de vijver

Nu ook de materiaalkwestie opgelost is, is het de beurt aan de vorm en omvang van de vijver. De **vorm van de vijver** zou in gebogen lijnen en met uitstulpingen voor moeras- en ondiepe waterzones moeten verlopen. De **vijveromvang** zou in verstandige verhouding tot het tuinoppervlak moeten staan. Vergeet daarbij niet dat moeras- en oeverzones weliswaar binnen de vijverfolie liggen, maar slechts deels met water zijn bedekt.

Een oppervlak van 8 tot 10 m^2 is de minimale omvang voor een vijver; hij moet minstens 15 m^2 zijn wanneer u vissen in de vijver wilt zitten.

De aanleg stap voor stap

Bepaal na het grove uitgraven het exacte folieoppervlak door kruislings de kuil op te meten met een rolmaat of stuk touw; royaal meten is daarbij raadzaam.

Vijverfolie is in rasters van 2 meter kant-en-klaar te koop tot 500 m^2. Teken met een verfspuitbus, zand of zaagsel de vijvervorm op de grond af en graaf de kuil definitief uit naar uw wensen. Met een latere vijveraardelaag van 15 tot 20 cm meegerekend, volstaat een maximale kuildiepte van 100 tot 120 cm.

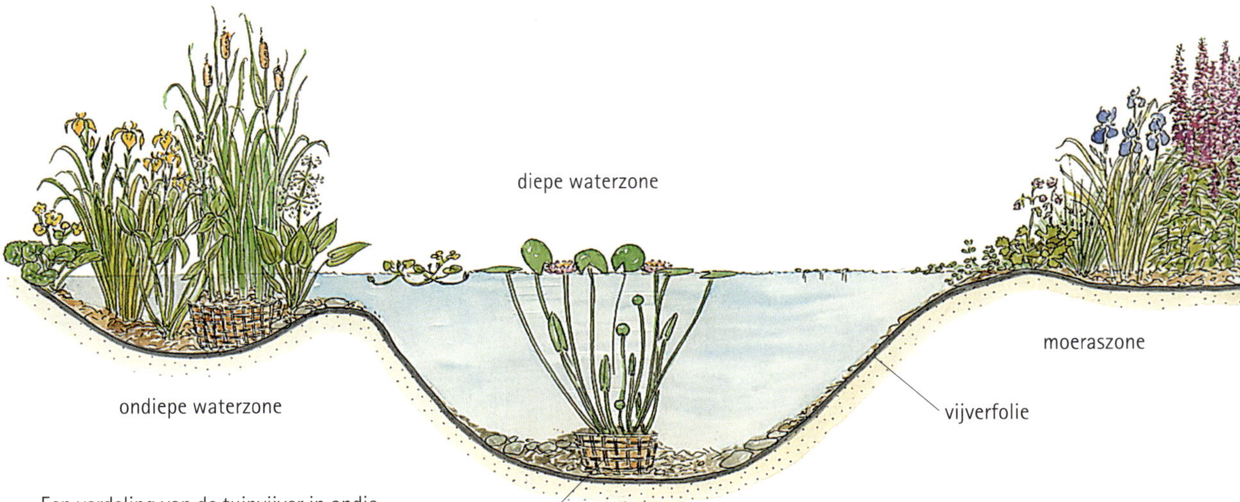

Een verdeling van de tuinvijver in ondiepe water-, diepe water- en moeraszones biedt elke plant de optimale waterdiepte zodat hij goed zal gedijen. Een kleine opgehoogde rand aan de binnenkant van de zones verhindert dat de aarde waarin de planten staan afglijdt naar diepere delen. Alleen op niet bevriezende dieptes kunnen waterlelies direct in de vijveraarde geplant worden; in ondieper water komen ze in korven te staan.

De **diepere plantenzones** krijgen uiteindelijk een waterdiepte van ongeveer 30 cm; de **ondiepe waterzones** worden ongeveer 10 cm diep; de **berm met moerasplanten**, die zich aan de rand van de vijver bevindt, blijft volledig zonder water.

Graaf de kuil uit met de gewenste niveaus voor verschillende waterdieptes. Laat de niveaus iets aflopen naar de vijverrand (d.i. buitenkant). Daarmee voorkomt u dat de vijveraarde naar het diepste punt verzakt. Leg vooral de ondiepe water- en moeraszones royaal aan, aangezien ze een belangrijke rol spelen in de vestiging van planten en dieren. Controleer tijdens de graafwerkzaamheden telkens weer met een lange, met water gevulde slang of de oevers even hoog zijn, want anders zit u, als hij klaar is, met een scheve vijver.

Als u de vijver uitgegraven hebt, verwijdert u alle aangetroffen stenen en dikkere wortels om beschadiging aan de folie te vermijden. Om het zekere voor het zekere te nemen stort u, voordat u de folie gaat leggen, eerst nog een 2-5 cm dikke laag zand op de vijverbodem. Nog beter is een laag geotextiel onder de vijverfolie.

Nu kunt u de folie gaan uitspreiden in de vijverkuil. Laat er al een deel van het water in lopen, zodat de folie zich kan aanpassen aan de ondergrond. Laat de folie zich zo twee dagen zetten. Vul daarna de verschillende niveaus met aarde.

Vervolgens begint u met de oeverinrichting. Grote stenen sorteren vlak bij water een fraai effect. Pas echter goed op bij het ingraven om de folie niet kapot te maken. Leg er voor de zekerheid extra stukken folie of geotextielresten onder.

Als laatste stap van het bedekken met de folie slaat u de randen om en graaft ze met de

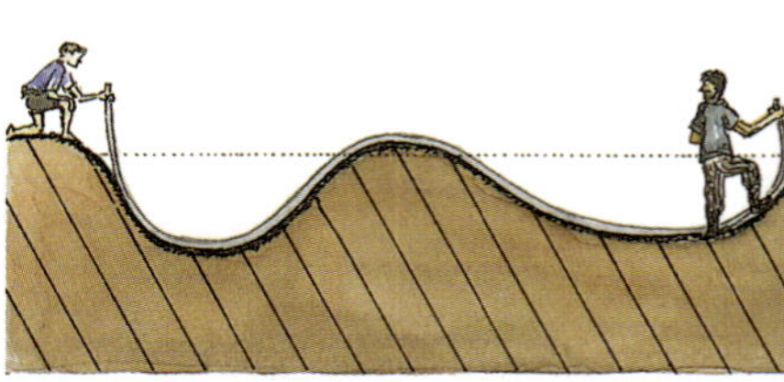

Een eenvoudig hulpmiddel bij de hoogtebepaling van de waterstand, ook in onoverzichtelijk terrein, is een met water gevulde slang als waterpas.

knipr**and** naar beneden in de grond in. Daardoor ontstaat de zogenoemde capillaire barrière, waardoor de aangrenzende (drogere) aarde geen water uit de vijver kan opzuigen. Span daarbij de folie niet, want anders kan hij gemakkelijk weer losraken.

Door grote en kleine kiezelstenen, boomstammen en verweerde wortelstokken doet de oeverzone natuurlijk aan; bovendien bieden ze ideale schuilhoekjes aan allerlei dieren. Met dit soort 'accessoires' kunt u tevens uitstekende folieranden en lelijke plooien goed camoufleren. Ga wederom voorzichtig te werk om de folie niet te beschadigen. Opnieuw legt u er voor de zekerheid folie- of geotextielresten onder.

De beplanting

Een natuurlijke beplanting vormt de kroon op alle werk. Een belangrijk criterium bij de keuze van planten is uiteraard de vijveromvang. Onder gunstige omstandigheden ontwikkelen veel vijver- en waterplanten zich krachtig en kunnen kleinere vijvers binnen de kortste keren overwoekerd worden. Om dat te vermijden is competent advies onontbeerlijk.

Kwekers en tuinderijen bieden een groot assortiment soorten en variëteiten met dikwijls zeer verschillende groei-eigenschappen aan. Met de juiste keus kan zich in de eigen tuin een weinig onderhoud vergende, natuurlijke biotoop ontwikkelen.

Waterlelies voor 10-15 m^2 grote vijvers zijn: 'Rossennymphe' (lichtroze), 'Escarboucle' (rood), 'Hermine' (wit), 'Marliacea Chromatella' (geel).
Geschikt voor kleinere vijvers en waterbassins zijn de dwergwaterlelies 'Laydekeri Lilacea' (roze), 'Laydekeri Purpurata' (rood), *Nymphea tetragona* 'Alba' (wit) en *Nymphea tetragona* 'Helvola' (geel) en 'Froebelii' (rood).

Drijvende en onderwaterplanten

Het diepere water is de biotoop voor drijvende en onderwaterplanten. Vooral de waterlelies verschillen sterk in hun groeikracht en -wijze. De bij ons inheemse witte waterlelie (*Nymphea alba*) groeit voor normale tuinen te sterk. Na enkele weken overwoekeren haar bladeren het gehele wateroppervlak. Voor grote vijvers of zwemplassen is ze echter voor diepten tot 1,50 m een ideale, robuuste plant.

Bij een voldoende dikke substraatlaag kunnen waterlelies direct in de vijverbodem geplant worden. Een andere mogelijkheid is in korven, die u eerst rijkelijk water geeft en dan naar de bodem laat zinken. Houd er wel rekening mee dat de (soms armdikke) wortelstok van waterlelies slechts bij sommige rassen winterhard is. Als de vorst bij de wortelstok kan

Tip

De kleinblijvende soorten onder de vijverplanten zijn ook heel geschikt als beplanting van kleinere bassins als tonnen, oude badkuipen en wastafels. Ze brengen daarmee de bekoorlijkheid van leefgemeenschappen in de vijver ook op balkon en terras.

Een mozaïekjuffer rust uit op een waterleliebloem.

komen, is het raadzaam om de waterlelie in een korf te planten, die u voor de winter naar boven haalt en vorstvrij laat overwinteren.

Het diepere water delen waterlelies met **waterplanten**. Sommige daarvan, zoals waternoot, krabbescheer, eendekroos, kikkerbeet, waterranonkel, watervaren en de tropische en subtropische soorten waterhyacint en watersla drijven op het wateroppervlak zonder in de grond te wortelen. Andere, de **onderwaterplanten**, blijven permanent onder water: hoornbloem, waterpest, kranswier, dichtbladig fonteinkruid behoren daartoe. Bijzonder interessant is het onder water levende blaasjeskruid, dat als aanvulling op zijn kostje met speciale vangblaasjes watervlooien vangt.

De drijvende water- en onderwaterplanten verrijken het water met zuurstof, zorgen voor schaduw op het water, zodat het niet te sterk opwarmt, en verbruiken in water opgeloste voedingsstoffen – belangrijke functies voor het evenwicht in de vijver en ter preventie van overwoekering door algen. Dat is vooral heel belangrijk wanneer vissen de vijver moeten bewonen.

De grote egelskop *(Sparganium erectum)* is een inheemse plant voor de vijverrand.

Planten voor ondiep water

In ondieper water wortelen watergentiaan, waterduizendknoop, drijvend fonteinkruid, wateraar, goudkolf, duizendblad, lidsteng, goudveil en moeraswolfsmelk. Hun stengels en bladeren drijven op het oppervlak rond tot in dieper water. Helaas zijn sommige niet echt winterhard.

Hogere planten voor de randzone hebben dikwijls grasachtige bladeren. Zwanebloem, waterplomp, moerasriet, grote egelskop, breekpunge en kalmoes behoren daartoe. Pijlkruid, dat net zoals bitterklaver (waterdrieblad) met zijn witte bloemen erg fraai staat, heeft drieledige, spitse bladeren. Voor de begeerde blauwe kleur zorgen het uit Noord-Amerika stammende pontederia en *Iris laevigata* uit Oost-Azië, bv. met de variëteit 'Monstrosa'. Ook *Iris versicolor* is geschikt.

De aan onze inheemse wateren typische lisdoddes, *Typha latifolia* (grote lisdodde) en *T. angustifolia* (klein lisdodde), zijn vanwege hun uitzonderlijke groeikracht alleen geschikt voor zeer grote vijvers.

Geschikt voor kleinere wateroppervlakten zijn daarentegen zwak groeiende soorten als *Typha laxmannii*, *T. minima* en *T. shuttleworthi*. Wolgras, zegge, bies en rietgras vertegenwoordigen de grote groep van cypergrassen. Ook hieronder bevinden zich sterk groeiende soorten, die u beter kunt mijden rond de tuinvijver.

Moerasplanten

Voor de berm- en moeraszone zijn deels ook planten uit de waterpartijen geschikt. Ze worden aangevuld door dotterboterbloem (geel, wit of gevuld bloeiend), slangekruid, moerasvergeet-mij-niet, waterkers, kleine weegbree, watermunt, klaverbladvaren, maskerbloem (geel, rood of blauw bloeiend), salamanderstaart uit Noord-Amerika, rozenprimula, moerasgladiool, waternavel, rus, veenwortel en de Noord-Amerikaanse, geelbloeiende schijncalla. Buiten de vijverfolie voelen zich in vochtige grond prettig: de inheemse koekoeksbloem, watermarjolein, beekkruidna-

Vochtminnende etageprimula's voelen zich prettig aan de waterkant.

gel, kievitsbloem, moerasspirea, weideveldkers, de groot groeiende kruiskruidsoorten *Ligularia dentata*, *L. przewalskii* en *L. veitchiana* en vele meer.

Een soortenrijke, harmonieus in de omgeving passende fauna lokt een groot aantal insecten, amfibieën en andere kleine dieren naar de tuin. Dat gebeurt vanzelf. In geen geval mag u echter amfibieën van natuurlijke standplaatsen weghalen – ze zijn beschermd. Vissen zijn alleen geschikt voor grotere vijvers, aangezien ze meestal zeer actief zijn; ze voeden zich met insectenlarven en kikkerdril en verrijken door hun uitscheidingen het voedingsstoffenaanbod.

Exotische planten aan de vijver

Op menige plantenliefhebber oefenen tropische waterplanten als de echte papyrus uit Noord-Afrika, blauwbloeiende waterlelies uit Afrika en de lotusbloem uit tropisch Azië grote bekoring uit. Met hun tot 1 m^2 grote bladeren springen de Zuid-Amerikaanse soorten *Victoria amazonica* en *V. cruziana* zeer in het oog. Voor een gegarandeerd gedijen van deze soorten zijn echter een verwarmbaar bekken en (minstens in de winter) bescherming van een kas onontbeerlijk; ze zullen daarom voor velen niet meer dan een droom blijven.

In milde streken kan de lotus (*Nelumbo nucifera*) heel goed aanslaan. Hij wil het liefst in ondiep water staan en met blad tegen de vorst beschermd worden.

De gele lis *(Iris pseudacorus)* is heel geschikt voor de grotere tuinvijver. Met een hoogte van ca. 1 m past ze samen met zwanebloem en pijlkruid goed in de vijverachtergrond.

Wat te doen in juni

U hebt de arbeidsintensieve maand mei doorstaan en kunt nu eens rustig de tijd nemen om van de tuin te genieten. De eerste warme avonden nodigen uit tot barbecues en tuinfeesten. Maar ook het juniweer heeft zo z'n nukken. In sommige streken brengt de zogenoemde schaapskoude begin juni nog gevaar voor koudegevoelige planten.

Zwoele zomeravonden nodigen uit tot genoeglijke tuinfeesten.

Siertuin

Rozen verzorgen

Vanaf het midden van deze maand bloeien rozen in volle pracht. Regelmatig verwijderen van de uitgebloeide bloemen zorgt voor lang aanhoudende vreugde. Zijn de bloeiwijzen compleet uitgebloeid, dan knipt u ze 2-3 blaadjes onder de bloemenvertakking boven een eventueel al aanwezige zijscheut af. Snoei sterk uitlopende soorten iets dieper.

Zomersnoei

De zomersnoei zorgt voor een gelijkblijvende hoogte van de gehele rozenplant. Blijft hij achterwege, dan bouwt de roos zich door het dominante uitlopen van de bloeiwijze van het volgende oog almaar hoger op en vormt een heleboel nieuwe scheuten, die zich maar zwak kunnen ontwikkelen. Een hoe langer hoe slechtere bloei is het gevolg.
Door diep terugsnoeien na het uitbloeien van de gehele bloeiwijze bouwt de roos zich daarentegen van onder af met niet al te veel, zich krachtig ontwikkelende scheuten opnieuw op; daarmee behoudt de roos haar variëteitspecifieke hoogte en beschikt ze over voldoende jong hout, dat prachtig in bloei zal komen.

Rozen mulchen en mesten

Bescherm de rozen tegen de toenemende bodemwarmte ten gevolge van de zomerse warmte met een mulchlaag van grasmaaisel. De noodzakelijke mest voor rozen geeft u al voor het mulchen. Na de eerste bloei breekt nu het moment voor de tweede en daarmee laatste bemesting aan. Aangezien ook gemaaid gras of stalmest voedingsstoffen bevatten, moeten de mestgiften navenant verminderd worden. Afhankelijk van de soort en dikte van de mulchlaag kan de op de mestverpakking aanbevolen hoeveelheid

Regenachtig weer en vochtige lucht begunstigen sterroetdauw.

tot de helft gereduceerd worden.
In de handel is zowel minerale als organische rozenmest verkrijgbaar, waarvan de voedingsstoffenverhoudingen op de behoeften van rozen zijn afgestemd. Dekt u het rozenperk met schorsmulch af, neem dan in geen geval verse schors uit het bos of van houtzagerijen. Hij bevat harsen en looistoffen, die in de loop der tijd schade aan de planten kunnen aanrichten.
Houd er bij gebruik van opgeslagen schors rekening mee dat daardoor de stikstofbehoefte toeneemt. Deze extra behoefte kan door hoornmeel gedekt worden - per jaar 50 g, verdeeld over 2-3 giften.

Bescherming tegen schimmelziekten en schadelijk gedierte

Nu reeds moeten preventieve maatregelen tegen schimmelziekten bij rozen worden getroffen. Meel- en sterroetdauw kunnen zich met het warmer worden uitbreiden en zijn door regelmatig sproeien met Neudovital in te dammen.
Bladluizen ontwikkelen zich in de eerste warme dagen vaak explosief. Neudosan werkt betrouwbaar en maakt het mogelijk dat bladluisverdelgers als lieveheersbeestjes, stinkvlieglarven en sluipwespen hun werk doen.

Vaste planten terugsnoeien

Sommige vaste planten, zoals **ridderspoor**, **fijnstraalaster**, **lupine** en **zomersalie**, worden direct na de bloei tot net boven de grond teruggesnoeid. Dat leidt tot een sterk opnieuw uitlopen en een nieuwe (tweede) bloei aan het eind van de zomer. Bij andere vaste planten snoeit u – zoals bij rozen – slechts individuele uitgebloeide bloemen of bloeiwijzen.

Balkon- en kuipplanten verzorgen

Snoei ook van balkonbloemen en kuipplanten behoedzaam de uitgebloeide plantendelen om ze zo lang mogelijk in bloei te houden.
Mocht u niet al bij het planten gemest hebben met een voorraadmest, dan giet u nu elke keer met een vloeibare mest in een 1-2 ‰ oplossing (1-2 ml/l of g/l water). Bij betrokken weer kunt u daarmee ook de bladeren sproeien.

Hagen snoeien

Na de vogelbroedtijd mogen er weer hagen gesnoeid worden. Het afvallende groen is geschikt als los mulchmateriaal of luchtige tussenlaag voor de composthoop.

Een nieuw gazon aanleggen

Voordat de zomerwarmte inzet, kunt u altijd nog een nieuw gazon aanleggen. Van het gazononderhoud blijft voldoende grasmaaisel over om alle open bodemvlakken in uw tuin met een beschermende mulchlaag af te dekken.

Bloembollen verzorgen en rooien

De bladeren van de uitgebloeide bloembollen zijn verschrompeld en kunnen er zonder meer afgetrokken worden. De bollen zelf kunnen in de grond blijven. Hebt u voor de herfst een verandering in de border gepland, dan markeert u nu de bollen met een etiket of bamboestokje, zodat u na verloop van tijd nog

Uitgebloeide bloemen verwijderen is een belangrijk onderhoudskarweitje.

weet waar ze zitten. Rooit u ze nu meteen, dan laat u ze op een donkere opslagplaats met normale temperatuur uitrijpen. Nu al bevindt de bloemknop voor het volgende jaar zich in de bol. Om bloemen te vormen moet een bol een minimale grootte bezitten, die per plantensoort verschilt. U mag er echter van uitgaan dat alleen de grotere bollen volgend jaar zullen uitkomen. De kleinere hebben nog een tot twee jaar nodig om groter te worden en te rijpen. U kunt ze daarom in de herfst ook apart planten en volgend voorjaar hun ontwikkeling ondersteunen met enkele zwakke mestgiften.

Bij voldoende ruimte mag de rabarber zijn statige bloeiwijze ontwikkelen.

Moestuin

Groenten aanplanten

Kies dagen met betrokken weer uit voor het opnieuw aanplanten van groenten. Bescherm na het planten de kwetsbare plantjes met vlies tegen te grote hitte. Na een tot hoogstens zes weken verwijdert u, opnieuw op een betrokken dag, de vliesafdekking. Mulch de opnieuw beplante bedden met grasmaaisel. Dat bespaart op zowel het waterverbruik als de onkruidbestrijding.

Tomaten, meloenen en komkommers verzorgen

Verscheidene groenten moeten regelmatig verzorgd worden: **tomaten** dieft u uit. Verwijder een aantal zijscheuten door ze in de bladoksel af te knijpen.

Schud bij **kastomaten** nu en dan in de middag aan de gehele plant om bestuiving en de daaruit volgende vruchtvorming te garanderen.

Na het opkweken onttopt u de hoofdstengel van **meloen**planten, aangezien ze alleen aan de zijscheuten voldoende vrucht dragen. Bij de veredelde, zuiver vrouwelijke **kaskomkommers** snijdt u de zich ontwikkelende zijscheuten af na het eerste blad om de overmatige vruchtzetting in te perken. Vergelen de kleine, 2-3 cm grote vruchten al, dan is dat een zeker teken van een vruchtenoverschot. Laat in dat geval slechts 4-5 vruchten aan de hoofdstengel zitten. Ook tijdig oogsten verzekert verder succes. Aangezien komkommers voor 98 % water bevatten, hebben ze dikwijls veel water nodig.

Asperge en rabarber na de oogst

Tegen het eind van de maand loopt de oogsttijd van **asperge** en **rabarber** af. Opdat de planten zich tot de herfst krachtig ontwikkelen, mest u en geeft volop water. Heeft de rabarber voldoende ruimte, dan mag hij zijn prachtige bloeiwijze ontwikkelen, die wel 2 meter hoog kan worden.

Herfstgroenten zaaien

Voor de teeltopvolging van groentesoorten met korte cultuurtijd zaait u nu opnieuw uit. Houd met het warme zomerweer rekening door van zomerrassen over te stappen op variëteiten die voor het eind van de zomer geschikt zijn. Ook voor de eerste **herfstgroenten**, zoals **andijvie** en **radicchio**, is het nu de juiste zaaitijd.

Wacht met het uitzaaien van **Chinese kool** en **paksoi** tot midden juli, aangezien ze door de grote warmte zullen schie-

ten, dat wil zeggen niet kroppen, maar bloeien.
Herfstgroenten zijn meestal zeer gevoelig voor hitte en moeten daarom in de schaduw voorgekweekt worden.

Op schadelijk gedierte letten

De langzaam intredende zomerrust in uw moestuin laat voldoende tijd om planten uitvoerig op schadelijk ongedierte te controleren. Met de stijgende temperaturen nestelen zich al vlug witte vliegen, bladluizen, spintmijten en meeldauw in de planten.
Let daarbij vooral op een eventuele aantasting met **witte vlieg**, een ca. 2 mm grote, motachtige verwant van de schildluis. Vandaar ook de exacte benaming 'motluis'. Ziet u de eerste beestjes onder op de bladeren zitten of opvliegen, dan is directe bestrijding dringend noodzakelijk, omdat ze zich vooral bij warm weer explosief vermeerderen.
Behandelt u ze met een bestrijdingsmiddel, spuit dan om de 3-5 dagen. Zo neemt u de pas uitgekomen beestjes te pakken en vermijdt u dat er nieuwe eitjes worden gelegd. Zorgvuldig te werk gaan en de planten flink sproeien is belangrijk.
Als de aantasting in haar beginstadium tijdig wordt ontdekt, is het inzetten van de kleine **sluipwesp** *Encarsia formosa* een beproefde remedie.

Ook na het loslaten van de wespen blijft inspectie raadzaam om hun effectiviteit vast te stellen.
Een goede methode voor het ontdekken van in de kas aanwezige insecten, of ze nu schadelijk of nuttig zijn, is het ophangen van **gele lijmstrips**. Geel trekt vooral witte vliegen welhaast magnetisch aan, zodat een plaag gemakkelijk op te sporen is. Als enig bestrijdingsmiddel volstaan de strips echter niet.

Gele lijmstrips lokken insecten aan. Voor de bestrijding van schadelijk ongedierte volstaan ze niet, maar de plaaggeesten kunnen daardoor wel bijtijds ontdekt worden.

Boomgaard

Met genoeg gemaaid gras ter beschikking kunt u regelmatig de boomvlakken en tussen bessenstruiken mulchen. Tijdens de vruchtontwikkeling van bessenstruiken is volop water belangrijk.

Zomersnoei bij steen- en pitvruchten

Met de zomersnoei aan het eind van de maand verwijdert u van steen- en pitvruchten overmatige vruchtaanzetten om vruchtval te verhinderen.
Ook waterloten worden bij de zomersnoei verwijderd; het beste scheurt u ze met een stevige ruk eraf om ook de slapende

Aan een draadspalier kunnen vruchtbomen vrij in de tuin staand als een groene wand opgekweekt worden.

ogen mee te nemen. Aangezien spalierbomen nog maar weinig mogen groeien, topt u in deze periode de naar boven groeiende nieuwe scheuten tot op 3-5 bladeren. Daardoor neemt de vruchthoutvorming voor het volgend jaar toe.

Daar de veredelingen uit april onder normale omstandigheden nu groot genoeg zijn, snijdt u de bastverbanden voorzichtig open.

Verwijder gelijktijdig op ongeveer 30 cm onder de veredelingsplaats de scheuten van de onderstam om een goede ontwikkeling van de entrijzen te garanderen.

Besvruchten verzorgen

Bij regenweer ontwikkelt **grauwe schimmel** (*Botrytis*) zich heel snel op besvruchten. Een eenvoudige maatregel is het bijtijds uitdunnen van frambozen tot op acht tot tien ranken per strekkende meter. Bij aardbeien beschermt een mulchlaag van grasmaaisel of stro de gevoelige vruchten tegen vervuiling en te sterke aantasting met grauwe schimmel.

Verwijder bij aardbeien bijtijds de uitlopers om de opbrengst te vergroten. Bij goed dragende planten laat u ze staan voor vermeerdering.

Wijnstokken voelen zich prettig tegen warme huismuren. Nu is het de tijd voor hun zomersnoei, waarbij de vruchtdragende stengels ingekort worden. De rassen 'Glory van Boskoop' en 'Weisser Gutedel' gedijen ook in rauwere omstandigheden.

Wijnstokken snoeien

Ook bij wijnstokken is het tijd voor hun zomersnoei. Snoei alle loten zonder vruchtzetting boven het derde tot vierde blad af. De vruchtdragende loten snoeit u op 2-3 bladeren na de druiven.

Vervolgens breekt u de kleine, zich in de bladoksels vormende dieven breekt u na het eerste blad zijwaarts af.

Vruchtbomen beschermen

Controleer vooral jonge bomen, bovenal kersen, regelmatig op bladluisaantasting. Bijtijds spuiten met Neudosan is heel effectief en ontziet andere nuttige insecten.

Aangezien Neudosan net zoals de andere, zachte middelen alleen werkt bij contact, moet het bestreden ongedierte voldoende getroffen worden. Spuit de aangetaste plantendelen – vooral de onderkant van het blad – druipnat.

Zoals bij alle beschermende maatregelen voor planten spuit u ook bij jonge fruitbomen bij betrokken weer of in de vooravond.

Bladluisaantasting op grote fruitbomen kan in de regel getolereerd worden. Bij normale aantasting lopen de bomen geen gevaar en de talrijke nuttige insecten knappen voor u het werk op.

Juli

Gezonde planten

De larven van het lievevrouwebeestje zijn vraatzuchtige nuttige insecten. Ze kunnen per dag tot 150 bladluizen eten.

Voor alle tuinders en tuiniers heeft het gezond blijven van de nuttige gewassen uiteraard een hoge prioriteit. Doorlopend bestaat het gevaar dat schadelijk gedierte en ziekten zwakke en anderszins beschadigde planten aantasten. Willen we daar iets tegen ondernemen, dan is het belangrijk om ze tijdig te herkennen. Veel ziekten en insectenplagen vinden hun oorzaak in een verkeerde verzorging en voeding. De daardoor verzwakte planten zijn bevattelijker voor aantasting.

Natuurlijk tuinieren helpt deze problemen te vermijden. Daartoe behoren bovenal:

- een optimale voorziening met voedingsstoffen en onderhoud, op basis van een grondonderzoek en de optimale standplaatskeuze;
- het letten op belangrijke cultuurdatums voor de afzonderlijke plantensoorten, zoals
- de juiste tijd voor het vermeerderen en planten,
- voldoende plantafstand,
- de keus van resistente rassen,
- een toereikende watervoorziening,
- bij fruit en groente niet in de laatste plaats vruchtopvolging met voldoende tussentijd. De combinatie van afzonderlijke groentesoorten in een mengcultuur kan aantasting door schadelijke insecten verhinderen.

Al deze preventieve maatregelen zijn een integraal onderdeel van een geslaagd teeltplan, dat met de opgedane ervaringen van jaar tot jaar verder vervolmaakt kan worden. Voor een goede tuinder spreekt het voor zich dat hij de planten en processen in de tuin nauwlettend observeert. Met enige ervaring herkennen we dan bijtijds schadelijke insecten en ziekten. Het zoeken naar plantenziekten wordt vergemakkelijkt wanneer u precies weet wanneer en waar u gericht moet controleren.

Bladluizen

Insecten richten schade aan door te zuigen of door te bijten. Zuigende insecten, zoals bijvoorbeeld bladluizen, zijn bij beginnende aantasting altijd op de onderzijde van bladeren te vinden, aangezien daar de suikerbevattende bladnerven lopen. De controle van de bladonderzijden is derhalve een must. De ontwikkeling van de meeste schadelijke insecten hangt sterk af van de temperatuur. Bij de nauw met bladluizen verwante 'witte vliegen' duurt ze bij 15 °C ca. elf weken, bij 30 °C nog maar drie weken. Dat verklaart de vaak explosieve vermeerdering bij plotse warmtefasen.

Een waterdicht teken van aantasting door schadelijke insecten is een roetachtige aanslag op bladeren en vruchten. Het gaat daarbij om een roetdauwschimmel, die uitsluitend van de suikerhoudende uitscheidingen van verschillende blad-, schild-, wolluizen en witte vliegen leeft. Na uitvoerig wassen kunnen de vruchten weliswaar probleemloos geconsumeerd worden, maar voor de tuinier betekenen de zwarte vlekken alarmfase rood en directe bestrijding van de veroorzaker. Dan is het in de regel ook te laat om met zachte middelen of met behulp van nuttige insecten nog succes te behalen.

De bestrijding van veel schadelijke insecten wordt bemoeilijkt doordat slechts enkele larvenstadia en het volwassen insect gevoelig zijn voor het middel, vooral wanneer we van 'harde chemie' wensen af te zien. Om het niet zover te laten komen is constante controle geboden.

Nuttige insecten bevorderen

De bevordering van nuttige insecten in de tuin vormt een wezenlijke factor in het gezond houden van planten. Bestrijdingsmaatregelen zouden zich moeten beperken tot de ondersteuning van deze natuurlijke helpers. Het creëren van een optimaal leefklimaat behoort daartoe, bijvoorbeeld een stapel rijshout voor de egel, een hoop stenen voor hagedissen of een nestkast voor insectenetende vogels. In de tuin en kas is de totale uitroeiing van schadelijk ongedierte een illusie. Ook bij gebruik van giftige bestrijdingsmiddelen overleven altijd nog genoeg beestjes om na enige dagen de cultuurplanten opnieuw te bedreigen. Het doel moet zodoende zijn het scheppen van een evenwicht tussen nuttige en schadelijke insecten op een voor de planten goed verdraagbaar niveau.

Veel zangvogels, onder andere ook het roodborstje, voeden hun jongen uitsluitend met insecten.

Inheemse nuttige insecten

Bij tijdige vaststelling van de aanwezigheid van schadelijke insecten moet afgewogen worden of een massale ontwikkeling direct de kop ingedrukt dient te worden met een bestrijdingsmiddel of dat de nuttige insecten de schadelijke onder controle kunnen houden. Vaak is het in dit stadium van aantasting raadzaam om met een zacht bestrijdingsmiddel op zeepbasis, zoals Neudosan, de massale ontwikkeling zo lang te vertragen totdat zich een voldoende contingent inheemse nuttige insecten heeft ontwikkeld en het evenwicht tussen nuttige en schadelijke insecten is bereikt. Met onze inheemse bladluisverdelgers zoals zweefvliegen, lieveheersbeestjes, galmuggen, sluipwespen en vele andere staat een heel leger paraat om ons te helpen. We hoeven alleen maar met enig geduld hun hulp af te wachten.

Nuttige insecten kopen

Vooral in de kas en wintertuin is het inzetten van gekochte

nuttige insecten het overwegen waard. Daar heersen relatief constante en beschutte klimatologische omstandigheden, die een voorwaarde voor een geslaagde vestiging van verschillende nuttige dieren zijn. Ook in de erwtenteelt worden veelvuldig nuttige insecten tegen schadelijk gedierte ingezet. Zeer effectief zijn de roofmijt *Phyloseiulus* tegen rode spintmijt op kaskomkommers en de sluipwesp *Encarsia* tegen witte vlieg op kastomaten gebleken. Tegen trips op komkommers is de roofwants *Orius* probaat.

In de wintertuin treden op planten met hard blad heel vaak wolluizen als uiterst destructief ongedierte op. Hun chemische bestrijding is moeilijk. Het inzetten van het Australische lieveheersbeestje is bij hardnekkige aantasting een trefzeker middel om hun aantal duidelijk te decimeren. Als spuitmiddel kan paraffineolie zonder toevoeging van insecticiden gebruikt worden. Voorzichtige, milieubewuste fruitboeren kunnen hiermee ook hun fruitbomen in de winter spuiten.

Spuitmiddelen op basis van *Bacillus thuringiensis* werken betrouwbaar tegen koolwitje, coloradokever en steekmuggen uit de tuinvijver. Middelen op raapoliebasis zijn effectief tegen bladluizen, maar kunnen ook bladschade veroorzaken. Opgehangen gele lijmstrips en geurstofballen vallen onder de zogenaamde biologische bestrijdingsmiddelen en zijn ideale helpers in de kas en fruitteelt. Groentevliegnetten houden de scharlakenrode vliegenlarven weg van rettich, kool, prei, ui en andere groenten. Slakkenhekken kunnen bepaalde zones tegen slakken beschermen. Het actieve bestanddeel in de nieuwe slakkenkorrel ferramol is een ongiftige ijzerverbinding.

Schimmelziekten

Bij de bestrijding van schimmelziekten valt het preventief gebruik van bestrijdingsmiddelen aan te bevelen. De voorkeur gaat uit naar de zogenaamde versterkende plantenmiddelen, die bij regelmatige toepassing de meeste schimmelziekten tegengaan. Vertonen planten symptomen van schimmelziekten, dan is de infectie meestal al heel ver voortgeschreden. Zoals bij de bestrijding van schadelijk gedierte staat ook hier een breed palet van zachte middelen ter beschikking. Tegen de echte meeldauw op sierplanten, rozen en komkommers werkt spuitzwavel of meeldauwmiddel op lecitinebasis.

Een breed werkingsspectrum hebben koperspuitmiddelen met de actieve stof koperoxichloride. Ze zijn effectief tegen bladvlekziekten, valse meeldauw, schurft, hagelschotziekte en vooral rot in het loof bij tomaten en wortels.

Een beproefd versterkend middel voor planten is Neudovital, met een goede werking tegen verschillende schimmelziekten. Muizen kunt u het beste met vallen vangen, waarin u geen spek, maar chocoladepasta legt. Tegen woelmuizen werken speciale vallen met wortels als lokaas; daarbij mag de val niet met de blote handen aangeraakt worden, want woelmuizen bezitten een fijngevoelige neus.

Versterkende middelen

Naast bestrijdingsmiddelen uit de handel kunt u ook zelf middelen maken: bijvoorbeeld heermoesgier tegen schimmelziekten, een aftreksel in koud water van brandnetel tegen bladluizen, varengier tegen verschillende schadelijke insecten, wei van magere melk en waterglas tegen verschillende schim-

De echte meeldauw, een schadelijke schimmel, die zich in de zomer ontwikkelt.

Met diverse planten uit de tuin kunnen giermengsels en koude aftreksels gemaakt worden. Daarbij dienen de aanbevolen trektijden in acht genomen te worden.

melziekten. Wijdverbreid is gier van groene zeep tegen bladluizen en vlinderrupsen; u maakt hem door 300 g groene zeep, 500 ml spiritus, 1 el kalk en 1 el zout op te lossen in 10 l lauwwarm water.

Onkruid bestrijden

Een hoofdstuk apart op het vlak van de bescherming van planten is de onkruidbestrijding. Onkruiden zijn er eigenlijk maar heel weinig, meestal zijn het niet meer dan planten op de verkeerde plaats. Vooral in hun jeugdstadium zijn kruiden probleemloos te wieden of te hakken. U mag de planten echter niet afscheuren, maar moet ze met hun wortels verwijderen. De laatste jaren zijn er afbrandapparaten ontwikkeld, waardoor kruiden meteen verwelken en afsterven; maar ook cultuurgewassen lopen gevaar. Problematische kruiden die mechanisch niet voldoende bestrijdbaar zijn, zijn wortelende onkruiden, zoals kweekgras, gezegende distel, akkerwinde, zevenblad en paardestaart; deze rechtvaardigen het inzetten van chemische onkruidmiddelen ook in de kleine tuin.

Grondregels voor plantenbescherming

Bij alle spuitmaatregelen met beschermende en bestrijdingsmiddelen dient u enkele grondregels in acht te nemen.

- Ook zachte middelen kunnen de ogen en de huid irriteren.
- Bij 'harde chemie' is beschermende kleding, inclusief mondkapje, een must.
- Spuit 's avonds of 's ochtends vroeg, en nooit bij sterke zon en hoge temperaturen, om invreten van de planten te vermijden.
- Alle beschreven middelen zijn uitsluitend contactmiddelen, d.w.z. ze moeten de schadelijke beestjes ook treffen of de gehele plant met een beschermende film bedekken.
- Toevoeging van enkele druppels afwasmiddel vermindert de oppervlaktespanning van het water en zorgt voor een goede verdeling van de spuitoplossing.
- Na het spuiten mag het enkele uren niet regenen om wegspoelen door de regen te vermijden.

Het spreekt voor zich dat u zich aan de gebruiksaanwijzingen van de middelen houdt. Verhoog nooit op eigen houtje zomaar de concentratie; schade aan planten is het gevolg.

Het gebruik van bestrijdingsmiddelen belast het milieu en de planten; daarom zou het tot de allernoodzakelijkste gevallen gereduceerd moeten blijven. Steek bij vragen uw licht op, bijvoorbeeld bij de milieudienst, kwekerijen en tuinbouwverenigingen.

Een tuin, niet alleen voor planten

Wat zou onze tuin zijn zonder vlinders, glinsterende torren, zoemende bijen en gonzende hommels? Voor veel tuiniers begint de zomer pas echt wanneer koninginnepage, dagpauwoog en admiraalvlinder rondfladderen. In de tuin kunt u door gepaste voedselplanten voor rupsen en vlinders eraan bijdragen dat bedreigde insecten een toevluchtshaven vinden.

Vlinders en andere kleine dieren hebben voor hun ontwikkeling uiteenlopende biotopen en voedselplanten nodig. Terwijl inheemse vlinderrupsen uitsluitend van inheemse planten eten, kunnen we de volwassen vlinders ook andere vlinderplanten als lantana en zomersering aanbieden als nectarbron.

Naast brandnetel, peen, gezegende distel, scheefkelk, walstro en wilgenroosje zijn vele andere in onze tuin helaas minder graag geziene planten belangrijke voedselplanten voor vlinderrupsen. Bij voldoende omvang is er in de tuin stellig ook plaats voor enkele rupsvoedselplanten.

Een zelfgebouwd insectenhuis biedt veel insectensoorten een plekje om eitjes te leggen.

Het assortiment zomerbloemen en vaste planten biedt een groot aantal zuigplanten voor vlinders. Afrikaantje, aster, dahlia, korenbloem, muntsoorten, roze zonnehoed, zomersering, vetkruid, tuinkamperfoelie, kogeldistel, vlambloem en petunia zijn er slechts enkele van. Enkelbloemige planten genieten de voorkeur boven gevuldbloemige, aangezien deze ook stuifmeel vormen. Zomerbloeiende soorten zijn heel belangrijk, omdat die hoe langer hoe meer verdwijnen uit onze natuur.

U kunt wilde bijen en hommels verschillende nesthulpen aanbieden. Dood hout dat is blijven liggen, bundels stro of riet, hard hout waarin gaten geboord werden en dergelijke worden dankbaar aangenomen.

Hommels zijn de bestuivers van monnikskap, vingerhoed, gele lis, wilde gladiolen en vele andere leeuwebekachtigen. De uiterst nuttige loopkevers zijn 's nachts actief en trekken zich overdag graag onder stenen terug. Het goudglanzende rozenkevertje voedt zich met de pollen van verscheidene vaste planten en houtgewassen.

Tuiniers die al deze actieve tijdgenoten in de tuin begroeten en zich er laten vestigen, leveren een wezenlijke bijdrage aan de instandhouding van veel bedreigde diersoorten, waarvan de natuurlijke biotoop hoe langer hoe meer in gevaar komt. Zo gezien is vermeende wildgroei een paradijs op aarde.

Gastvrijheid voor kleine tuinhelpers

Het harmonieus samenleven tussen mens, dier en plant zou het doel van de 'biologische tuinier' moeten zijn. Naast de zorg voor bomen en planten hoort ook het scheppen en instandhouden van een rijkgeschakeerd milieu tot de taken van de tuinier.

- Brandnetel en gezegende distel zijn belangrijke planten voor insecten en vogels, maar 'storen' in de tuin.
- Zogeheten vogelvoedselheesters, zoals vlier, sneeuwbal, wilde roos, kamperfoelie en lijsterbes, bieden natuurlijke nest- en voedselmogelijkheden.
- Afgevallen fruit is een belangrijke voedselbron voor veel insecten en andere kleine dieren.
- Afgevallen blad en hopen bladeren en rijshout bieden overwinteringsmogelijkheden aan egels en padden.
- Door een omheining met openingen kunnen 'immigranten' binnentrekken.
- Een hoekje met dood hout wordt door houtwespen en boktorren bewoond.
- Begroeide muren en daken zijn nestel- en voederplaatsen voor vogels.
- Wanneer u zich in de zomer over deze tuinhelpertjes verheugt, is het in de herfst belangrijk om overwinteringsniches te scheppen.

Wat te doen in juli

De heerlijke bloemkleuren van de vlambloem kondigen hartje zomer aan. Met wat geluk kunnen we op zwoele zomeravonden nu ook glimwormen zien rondzwermen. De zomerse warmte tempert vaak onze ijver, en sommige tuiniers staan voor dag en dauw op om bij nog aangename temperaturen de noodzakelijke karweitjes op te knappen.

Siertuin

Vaste planten verzorgen

Net zoals in de vorige maand gaat u verder met de 'onderhoudswerkzaamheden' aan de vaste planten en bloemen. Ondersteun **hooggroeiende planten en dahlia's** met stokken en snoeren tegen omknikken.

Het grasmaaisel vindt opnieuw een plekje op alle open perken of eerdere mulchlagen. Perken en borders worden gemest, zodat ze tot de herfst van voldoende voedingsstoffen zijn voorzien.

Rozen verzorgen

Mocht het nog niet gebeurd zijn, dan mest u de rozen voor de tweede maal, zodat ze over voldoende voedingsstoffen beschikken voor een krachtige tweede bloei.

Zoals bij alle andere bloeiende planten verwijdert u ook bij rozen alles wat uitgebloeid is resoluut; dan bent u er zeker van dat ze verder bloeien.

Bescherming tegen ziekten

Ga verder met het preventief spuiten van de rozen: met spuitzwavel tegen **meeldauw** en met een koperspuitmiddel tegen **sterroetdauw**. Vooral op standplaatsen met weinig luchtcirculatie kunnen ziekten bij rozen in een regelrechte plaag ontaarden.

Aangezien voortdurend spuiten ook bij gebruik van zachte middelen het milieu belast, komt het erop aan de diepere oorzaak aan te pakken.

Geregistreerde rozen

Wilt u niet van rozen afzien, dan zijn er genoeg resistentere variëteiten, die zonder meer de voorkeur zouden moeten krijgen. Koop alleen bij bekende kwekers en let op of op het etiket vermeld staat dat de cultivar die u koopt 'geregistreerd' is; dat is een waarborg van kwaliteit.

Kritisch nadenken over de standplaats is eveneens cruciaal. Vaak gedijen planten op een plekje luttele meters verder aanzienlijk beter en gezonder, omdat daar de eisen die door de planten aan grond en microklimaat gesteld worden, beter bevredigd worden. Weet u niet zeker of u wel de meest ideale standplaats hebt gekozen, dan kunt u met verschillende planten verspreid over de tuin testen wat de geschiktste plaats eigenlijk is.

Ook voor planten met dubieuze winterhardheid is zo vaak on-

Een goede combinatie: zomerbloemen en rozen

vermoed een ideale standplaats in de tuin te vinden.

Tweejarigen zaaien

Al in het begin van de maand kunt u de tweejarige zomerbloemen zaaien, zoals **vergeet-mij-niet**, **driekleurig viooltje**, **muurbloem**, **duizendschoon** en **tuinanjer**. Driekleurige viooltjes kiemen in het donker en worden na het zaaien lichtdicht afgedekt. Minder bekend zijn mariëtteklokje (*Campanula medium*), klaproos (*Papaver nudicaule*), damastbloem (*Hesperis matronalis*) en judaspenning (*Lunaria rediviva*).
Beschaduw alle zaailingen aanvankelijk tegen grote hitte. Stel ze pas vanaf het tweede blad geleidelijk aan bloot aan de zon.

Bij vaste planten voor nakomelingen zorgen

Ook verschillende vaste planten kunnen nu gezaaid worden. **Lis** (*Iris*) en **pinksterroos** worden gedeeld, teruggesnoeid en opnieuw uitgeplant. Let daarbij op de ideale plantdiepte.

Vermeerdering door stekken

In de zomerse warmte groeien stekken van **kuip-** en **balkonplanten** vlot en ontwikkelen zich snel tot krachtige planten. Besproei de planten tot ze wortelen regelmatig met water om de luchtvochtigheid te vergroten.
Wanneer u vaker planten vermeerdert door stekken, is een kleine vermeerderingsbak heel handig. Afhankelijk van de behoefte kan hij 1/2 tot enkele vierkante meter groot zijn. Gebruik voor zijwanden ca. 20 mm dikke planken en timmer daarvan een broeibakachtig frame met een hoogte van ca. 20 cm. Een geschikte afdekking is multiplex in de passende maten. Als bodemlaag dient scherp zand, dat goed vocht opneemt en daardoor voor een hoge luchtvochtigheid in de vermeerderingsbak zorgt. De exclusieve uitvoering bevat een draad- of terrariumverwarming, die u op 20-22 °C instelt. Daarmee wordt voldaan aan de eisen die de meeste planten stellen om te wortelen.

Zorgvuldig werken

Verwijder voor het stekken bloemen en verwelkte plantendelen. Steek de met een scherp mes afgesneden stekken in verspeen- of zaaigrond in kleine bakken of multipotplaten. Na het wortelen zorgt vroegtijdig toppen voor compacte, bossige planten.
Zorg in kas en kweekbakken voor schaduw met speciale schaduwstoffen (jute, kunststof) of schaduwverf (soms te koop bij kwekerijen). Controleer de planten intensief op schadelijk ongedierte om een eventuele aantasting bijtijds te ontdekken en stante pede de nodige tegenmaatregelen te kunnen nemen.
Let even nauwlettend op aanwezige nuttige insecten en hun ontwikkeling om ze te gebruiken bij het bestrijden van plagen.

In de zomer vormen oleanderstekken heel vlug wortels.

Ook in de zomer kunnen geraniums door stekken vermeerderd worden.

Moestuin

Phacelia wordt evenzeer gewaardeerd door imkers als boeren en tuinders. Ze is een ideale groenbemestingsplant, die ook in de herfst nog uitgezaaid kan worden en bestand is tegen temperaturen tot –8 °C.

Groente zaaien en planten

Verschillende herfst- en wintergroenten kunt u nog uitzaaien. Zaai al vrijgekomen bedden met groenbemesting in of beplant ze nogmaals.

Bereid de bedden voor het zaaien van **spinazie**, **veldsla** en **winterpostelein** voor en maak ze goed nat. Daardoor ontwikkelen zich de zaden van de onkruiden. Verwijder het onkruid al in het kiembladstadium. Zaai vervolgens in rijen – zonder de aarde veel om te woelen om niet opnieuw kiemkrachtige onkruidzaden naar boven te halen. Tot het midden van de maand kunt u nog **bloemkool**, **koolrabi** en **broccoli** uitplanten. Vanaf midden juli is de beste planttijd voor **andijvie**.

Groenbemestingsplanten

Nederlandse naam	Botanische naam	Familie	Zaaitijd[1])	Werking	Cultuurtijd
Goudsbloem	*Calendula officinalis*	Samengesteld bloemigen	III–VIII	geringe werking tegen nematoden, geneeskrachtige plant	4–6 weken
Boekweit	*Fagopyrum esculentum*	Duizend-knoopfamilie	B V–VIII	bijenweide, goed in de moestuin	6–8 weken
Gele en blauwe lupine	*Lupinus luteus, L. angustifolius*	Vlinderbloemigen	M IV–VIII	wortelt diep, stikstofaccumulator	12–15 weken
Phacelia	*Phacelia tanacetifolia*	Bosjesliefachtigen	M III–IX	winterhard tot ca. –8 °C, bijenweide, goed in de moestuin, niet voor aardbeien	5–10 weken
Rammenas	*Raphanus sativus*	Kruisbloemigen	M IV–IX	wortelt diep	6–10 weken
Gele mosterd	*Sinapis alba*	Kruisbloemigen	M III–IX	wortel diep, groeit snel	ca. 4 weken
Groot afrikaantje	*Tagetes erecta*	Samengesteld bloemigen	V–VII	goed tegen nematoden	4–6 weken
Perzische klaver	*Trifolium resupinatum*	Vlinderbloemigen	B IV–VIII	stikstofaccumulator	12–15 weken
Aardklaver	*Trifolium subterraneum*	Vlinderbloemigen	B IV–IX	stikstofaccumulator, goede bodembedekker	8–15 weken

[1]) B = Begin, M = Midden

Tomaten tegen rot in het loof beschermen

Vooral bij regenweer zijn tomaten bevattelijk voor blad- en bruinrot. Aangezien deze schimmelziekte door sporen wordt overgedragen, die met het spuitwater van de grond op de bladeren komen, biedt een dichte mulchlaag een goede bescherming daartegen. Verwijder aangetaste bladeren direct en gooi ze in de vuilnisemmer.

Tip

Preventief kunt u bij tomaten ook de onderste 3-4 bladeren wegnemen; een mooi neveneffect is dat de vruchten in dit deel van de plant meer licht krijgen en gemakkelijker te oogsten zijn.

De behandeling met een koperspuitmiddel met enkele druppels afwasmiddel werkt goed en bij zorgvuldige toepassing heel effectief. Verwijder de lelijke aanslag op de vruchten door ze zorgvuldig te wassen.

Spintmijt bij komkommers

Let bij komkommers in de kas, kweekbak en op de volle grond nu extra aandachtig op tekenen van **spintmijt**; een aantasting blijkt uit fijne, gele, speldachtige puntjes. Op de bladonderzijdes zitten kleine, ca. 0,5-1 mm grote, bruinig gele beestjes. Bij sterkere aantasting zijn de onderkanten van de bladeren met een fijn rag bedekt.

Rode spin kan voor kaskomkommers fataal zijn.

Spintmijt moet u direct bestrijden met een mild spuitmiddel of door het inzetten van **nuttige roofwantsen** *(Phytoseiulus).*
Dat beschermt tegen een epidemieachtige uitbreiding, die onverbiddelijk tot het afsterven van de planten leidt.

Andere groentezorg

Mest de langer op de bedden staande hoofdcultuurgewassen als **sluitkool**, **selderie**, aubergine, enz. overeenkomstig hun behoeften. Zet de verzorgingsmaatregelen van vorige maand voort.

Groenten en kruiden oogsten

Tijdig oogsten van de verschillende groenten verzekert ons van de beste kwaliteit. Vooral bij de vruchtgroenten is een tijdige oogst belangrijk. Als de vruchten te lang aan de plant blijven zitten, vertraagt dat de rijping en vorming van opvolgende vruchten. Bij een te groot aanbod van rijpe vruchten is het beter om alles in één keer te oogsten en in te vriezen of voor iets anders te gebruiken.
Verse kruiden, zoals **bieslook**, **peterselie** en **basilicum**, die nu ten volle ontwikkeld zijn, kunt u keukenklaar voorbereiden en in kleine porties invriezen.

Tijdig oogsten is belangrijk. Blijven courgettes te lang aan de plant zitten, dan vertragen ze de ontwikkeling van jonge vruchten.

Boomgaard

Zomersnoei vervolgen

Bij te veel vruchten kunt u ze nog eens uitdunnen om in de herfst een goede vruchtkwaliteit te krijgen. Ga verder met de al begonnen zomersnoei van de spalierbomen; daardoor vormt zich volgend jaar meer vruchthout.

Beperk de zomersnoei in uw boomgaard voor de rest tot het voorzichtig verwijderen van concurrerende scheuten die de kroonopbouw verstoren.

Bij grote **morellen**, **zoete kersen** en **vlierstruiken** kunt u de zware toplast helemaal afzagen; zo kunt u gemakkelijk, zonder ladderacrobatiek, vanaf de grond oogsten. Bestrijk te grote snijwonden met wondafdichtmiddel.

Andere vruchtboomzorg

Let vooral bij zure kersen op **topverdorring** (*Monilia*), die uit omlaag hangende, opgerolde, verdorde bladeren blijkt. U bestrijdt de schimmel door de zieke scheuten tot ongeveer 10 cm in het gezonde hout terug te snoeien.

Bij geringe neerslag is het belangrijk om fruitbomen voldoende water te geven. Leg een waterslang met sproeikop bij de boom op de grond en laat onder lichte druk het gietwater enkele minuten lopen.

Perenroest

Bij peren kan in deze periode perenroest optreden. Het gaat hierbij om een zogeheten van waard wisselende schimmel, die voor zijn verspreiding twee verschillende waardplanten nodig heeft.

Bij deze schimmel leeft de ene generatie op bladeren van perenbomen en de volgende op de **zevenboom** (*Juniperus sabina*), een jeneverbessoort. Staat deze sierjeneverbes bij u in de tuin, of bij de buren, dan moet u kiezen voor een van beide. Als een van beide soorten niet meer aanwezig is, kan de schimmel zich niet meer ontwikkelen en verdwijnt zonder gebruik van middelen.

De perenroestschimmel is moeilijk bestrijdbaar. Al vanaf midden juni preventief spuiten met Neudovital helpt te grote schade verhinderen. Aangetaste bladeren haalt u weg en gooit u in de vuilnisbak.

Weeg bij veel andere ziekten en schadelijke dieren die in de boomgaard kunnen optreden het kosten-batenplaatje, oftewel de belasting voor het milieu tegenover de baten, goed af; soms is niets doen op lange termijn beter dan doorslaan.

Te grote morelbomen kunnen voor een gemakkelijkere oogst teruggesnoeid worden.

Aardbeien planten

Afgezien van het planten in mei van de aardbeiplanten die in de koelruimte hebben overwinterd, is de tweede helft van juli de traditionele periode om aardbeien te planten. Wanneer u latere planttijdstippen kiest om te planten, zal de oogst het volgend jaar minder zijn.

Als aardbeiuitlopers direct in de pot worden gezet, hebben ze tegen hun planttijd een sterke wortelkluit ontwikkeld.

Bij een nieuwe aanleg kunt u door een uitgekiende keus van rassen verschillende rijptijden bereiken en zo al heel vroeg in de zomer verse aardbeien oogsten.

Vanaf mei kan perenroest optreden. Voor zijn ontwikkeling heeft de schimmel de zevenboom *(Juniperus sabina)* nodig als tussenwaard.

Verwijder na de oogst de nog aanwezige uitlopers en snoei de bladeren krachtig terug. Maak de grond tussen de rijen planten oppervlakkig los en werk er een mestgift in. Tot slot mulcht u vers en geeft de planten flink water.
Aardbeien die zo behandeld worden vormen snel nieuw blad en zullen het volgende jaar rijk vrucht dragen.

Wilde aarbei

De kleinere wilde aardbei, die met zijn uiterlijk en intense smaak aan bosaardbeien herinnert, is vooral voor kinderen interessant, omdat hij heel de zomer door rijpe vruchten kan voortbrengen.

Bessenstruiken uitdunnen

Bij bessenstruiken wordt met de oogst sterk teruggesnoeid. Verwijder bij aal- en kruisbessen de nodige geoogste stengels en zwakke jonge loten op de grond. De sterke jonge loten krijgen dan genoeg ruimte en licht om zich voldoende te kunnen ontwikkelen en te verhouten.

Dieven bij bramen verwijderen

Bramen hoeven niet per se gesnoeid te worden. Aangezien ze echter meestal heel sterk groeien, verwijdert u de nu gevormde dieven tot op twee bladeren. Bevestig de lange ranken aan het spalier.
Pas wanneer er gebrekkige vruchtzetting in het volgende jaar verschijnt, verwijdert u aan het begin van de zomer de oude loten helemaal.

Wijnstok tegen meeldauw bespuiten

Aan wijnstokken kunt u altijd nog de scheuten inkorten om het mogelijk te maken dat de vruchten zich goed ontwikkelen en door de zon beschenen worden.
Let vooral nu op **valse meeldauw**, die u met een kopermiddel kunt bestrijden. Spuit tegen echte meeldauw op de wijnstokken met een zwavelhoudend middel.

Augustus

Kleine bouwklussen

Met het juiste gereedschap zijn ook kleine bouwklussen in de tuin leuk om te doen. Met uiteenlopende materialen kunt u interessante padenpatronen aanleggen.

Terwijl we doorlopend in onze tuin werken, plannen en veranderen, komen we telkens weer op nieuwe ideeën en invallen, die we eigenlijk het liefst meteen willen realiseren. Grotere bouwkarweien kunnen we vermoedelijk beter aan landschapshoveniers overlaten, die goed opgeleid zijn en met veel ervaring én alle benodigde apparaten en machines uitgerust zijn.

Kleinere verbouwingen en veranderingen kunnen echter ook zonder dure machines goed zelf uitgevoerd worden, geheel overeenkomstig de gegeven tuinsituatie en de persoonlijke smaak.

De bouw van een spalier

Fruitspalier

Spalieren zijn ideaal voor het laten begroeien van muren. Ze leveren op een ruimtebesparende manier fruit en zijn tegelijkertijd een lust voor het oog. Fruitspalieren moeten soms een groot gewicht kunnen dragen en moeten derhalve stevig zijn. Afhankelijk van de standplaats zijn muren op het zuiden of het westen het geschiktst.

Gebruik als materiaal balken met een dikte van 30 x 50 mm, zonder knopen; geschaafd of ongeschaafd maakt niet uit, wat u mooi vindt. Dwarsbalken met een trapeziumvormig profiel drogen sneller op en verlengen de levensduur van het spalier. Voor de bevestiging hebt u muurhaken of schroeven met een zeskantige kop en passende pluggen nodig. Maak van tevoren een schets van de muur met vensters en deuren. Laat op die schets uw fantasie de vrije loop en speel met verschillende mogelijkheden.

Houten spalieren waarbij de verticale elementen domineren, ogen optisch langer en ondersteunen de naar boven groeiende plantendelen. De rooster-om-

Balkjes van 30 x 50 cm zijn heel geschikt voor een spalier. Van dwarsbalken met een trapeziumvormig profiel loopt regenwater sneller af.

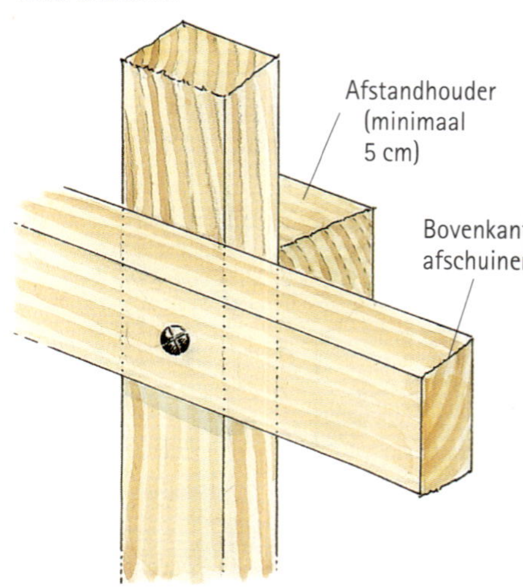

Tip

Boor de gaten voor de houtschroeven voor. Gebruik spijkers met een brede kop. Dat voorkomt dat de balken splijten.

vang wordt daarbij in de regel bepaald door een gelijkmatige verdeling tussen ramen en deuren.
Kies de hoogte zodanig, dat er een vierkant of brede rechthoek ontstaat. Als de balken aan de randen moeten uitsteken, is een derde tot een vierde van de roostermaat ideaal. Houd tot ramen en deuren een afstand van ca. 15 cm aan.

Het spalier kan rechtstreeks tegen de muur geschroefd of van tevoren op de grond geconstrueerd en als één geheel bevestigd worden. Houd bij de montage een afstand van ca. 5 cm tot de muur aan. Daardoor is een voldoende luchtcirculatie achter het spalier gewaarborgd. Schroeft u het spalier rechtstreeks tegen de muur, plaats er dan blokken of stukken pijp achter als afstandshouders. Hierop volgen dan de eerste verticale balken en daarop de dwarsbalken.
Aan muurhaken opgehangen spalieren moeten extra tegen uitzakken beveiligd worden, maar hebben het voordeel dat u ze indien nodig zonder moeite van de muur kunt halen. Bevestig het spalier zodanig dat het op ca. 50 cm boven de grond begint. Verven of beitsen is niet nodig; wilt u het toch doen, dan gebruikt u uitsluitend verf of lak die niet schadelijk voor planten is.

De bouw van een stapelmuur

Optisch fraai en tuinkundig zeer interessant kan de aanleg van een stapelmuur zijn.
In de tuin kunnen daardoor ook op steile hellingen kostbare horizontale vlakken voor een moestuin of ligweide gecreëerd worden. Als bouwmateriaal hebt u grote grove keien nodig, bijvoorbeeld van kalksteen. Met veel geluk kunt u soms ook zandsteen krijgen.
De stenen mogen gerust verschillende vormen hebben; ideaal zijn nochtans een onder- en bovenkant die evenwijdig lopen. Afhankelijk van het materiaal volstaat ongeveer een ton voor 1 m^2 muur. Naast de keien hebt u split of kiezel (korrelgrootte 2/8) nodig als drainage en eventueel een drainagebuis voor de afwatering bij hogere muren. Draag voor uw eigen veiligheid werkhandschoenen en werkschoenen met stalen neus.

Fundering

Begin met het afsteken van de aarde langs de latere muur. Muren van meer dan 1 meter hoog hebben een fundering nodig. Graaf daartoe een harde bodem ca. 15 cm diep uit, een zachtere bodem evenredig dieper. Vul de sleuf met split en stamp dat stevig aan met een heiblok. Nu kunt u de eerste laag stenen gaan leggen. Bouw de muur al vanaf deze laag met een helling van 10-15° naar achter op. Gebruik voor de eerste laag zware, zo vlak en breed mogelijke keien, zodat het gewicht van de muur goed verdeeld wordt.
Leg achter de eerste laag stenen tevens, indien nodig, de drainagebuis en laat die licht aflopen in de richting van het afvoerpunt.

De stapelmuur moet aan de achterkant zorgvuldig opgevuld worden, zodat hij stevig staat.

Op de eerste laag keien komt als speciesurrogaat een laag aarde zonder keien. Daarop weer een laag keien, verspringend ten opzichte van de eerste. Vul tegelijkertijd de achterkant van de muur op met split of aarde en stamp die aan. Vanaf de tweede of derde laag stort u alleen nog aarde. Door de lichte helling naar achteren hangt de muur tegen de helling en staat daardoor stevig. Daarom is nauwgezet opvullen en aanstampen zo belangrijk. De geplaatste keien mogen niet wankelen; zo wel, dan stort u er wat meer aarde onder. Sla storende uitstulpingen er met een vlakke beitel af. Soms zult u op een plaats verschillende stenen moeten proberen om de passende te vinden.
Bouw nu en dan wisselaars in; dat zijn grote keien die over twee lagen reiken en daardoor de voeglijnen doorbroken worden. Geef de verticale voegen in de lagen wisselende breedtes om plaats te scheppen voor de latere beplanting.

Keien op maat hakken
Hoe hoger de muur wordt, hoe minder materiaal u hebt om uit te kiezen en hoe moeilijker het dus wordt om passende keien te vinden. Dan zult u zelf keien op maat moeten hakken. Markeer met lichte slagen met hamer en beitel een scheidingslijn langs de gewenste breuklijn. Met enkele gerichte slagen splijt de kei op de gemarkeerde lijn. Het afval van keien verdwijnt als drainage achter de muur. Controleer gaandeweg tijdens het opbouwen telkens langs een gespannen snoer met de waterpas en rolmaat of u op de juiste koers zit. De afsluitende kroonlaag bestaat uit platte, iets te brede keien, die de opgehoopte aarde achter de muur deels bedekken.

Voegplanten
Heel bekoorlijk wordt de stapelmuur door een beplanting met rotstuinplanten. Klokje, anjer, ooievaarsbek, blauwkussen (*Aubrieta*), steenbreek en huislook zijn er slechts enkele uit een reusachtig aanbod. Door de iets naar achter hellende voegen komt giet- en regenwater goed bij de plantenwortels. Planten die gevoelig zijn voor natheid, komen boven een verticale voeg onder een uitstekende kei. Vindt u zo'n muur met de passende beplanting erg leuk, maar ontbreken in de tuin de juiste terreinomstandigheden, dan kunt u een vrijstaande stapelwal aanleggen. In principe komen daarbij twee stapelmuren tegen elkaar te hangen.
Zoals bij een normale muur is een betrouwbare afwatering via een drainageleiding belangrijk. De daardoor gevormde biotoop wordt door allerlei kleine dieren als hagedissen graag aangenomen.

De kruidenspiraal

Een kruidenspiraal biedt op een klein oppervlak de voor verscheidene kruiden noodzakelijke bodemverhoudingen. Op een zonnig, mogelijk droog plekje in de tuin is er een oppervlak van 1-2 m^2 voor nodig. De spiraal wordt opgevuld met magere aarde. Laat met de van de stapelmuurbouw bekende techniek de keien in een slakkenhuisvormige spiraal geleidelijk omhooglopen. Bijzonder zonhongerige kruiden, bijvoorbeeld tijm en rozemarijn, vinden op

Rotstuinplanten als blauwkussen en steenbreek voelen zich op zonnige droge stapelmuren bijzonder prettig.

Een kruidenspiraal biedt veel kruiden de gepaste bodem.

de droge top van de spiraal hun plekje en ontwikkelen daar hun beste aroma.
Vochtminnende soorten als bieslook en peterselie voelen zich prettig tussen de onderste keien.

Padenaanleg

In iedere tuin worden de verschillende delen met elkaar verbonden door paden. Voor vaak belopen paden is een professioneel aangelegde, waterdoorlatende bestrating het beste. Een vakkundige opbouw met fundering, draag- en deklaag is duurzaam.
Kleinere, minder vaak gebruikte paden en 'pleintjes' kunnen met niet al te veel moeite ook zelf aangelegd worden. Leg de verbindende paden aan over trajecten die u ook daadwerkelijk zult gebruiken, want zelfs het mooiste tuinpad is zinloos wanneer het uitgetrapte pad over het gazon de kortste verbinding vormt.

Vanzelfsprekend stemt u de gebruikte bouwmaterialen af op zowel het 'landschap' van uw tuin als de gebruikstoepassing. Heel eenvoudig zelf te maken zijn **houten vlonders** tussen de groentebedden. U hebt er balkjes van 30 x 50 mm en daarnaast zaag, hamer, accuschroevendraaier, spijkers of schroeven voor nodig. Bij een bedlengte van meer dan 4 meter is het raadzaam om een aantal kleinere vlonders te leggen. Met een balkbreedte van 5 cm en een tussenruimte van 2 cm geven zes balkjes een padbreedte van 40 cm. Schroef of spijker om de 120-150 cm balkjes van 40 cm lengte als dwarsbalken van onderen tegen de langsliggers. Boor gaatjes voor schroeven voor om het splijten van de balken te voorkomen. De vlonders zijn licht en kunnen zodoende snel en gemakkelijk weggehaald worden voor grondwerkzaamheden of een verbreding van de bedden.
Vaste paden kunnen met **houtsnippers** of **schorsmulch** bedekt worden. Op paden waarover minder gelopen wordt, stort u het materiaal eenvoudig op de aangetrapte grond. Een laag van ca. 10 cm volstaat.
Bij veelvuldiger belasting vangt een **stevige fundering** van een laag beton of puin het gewicht op. Graaf de bodem ca. 20 cm uit, stamp de ondergrond goed aan en vul de sleuf met beton of fijn puin en split. Na het aanstampen van deze dragende laag stort u een ca. 10 cm dikke laag houtsnippers of schorsmulch.
Onkruidbestrijding en regelmatig aanharken zijn belangrijke onderhoudswerkzaamheden. Op dezelfde wijze worden paden met een watervasthoudende deklaag, die uitstekend in de natuurtuin passen, aangelegd.

Houten vlonders tussen de groentebedden zijn snel gemaakt en houden de schoenen schoon.

Huisbegroeiing

Wilde wingerd klimt zonder raamwerk direct tegen de huismuur omhoog. Hij is uitstekend geschikt voor de warme zuidkant.

Of het nu in de stad of op het platteland is – een gevelbegroeiing doet ieder huis goed. Het bladerkleed is een belangrijk vormgevingselement en biedt verschillende dieren, vooral vogels, een aantrekkelijke biotoop.

Bouwtechnisch werkt een begroeiing als klimaatregelaar bij extreme temperaturen en zware regenval; de levensduur van de muur wordt duidelijk verlengd. Stoffiltering, afkoeling en verbetering van het stadsklimaat zijn directe baten voor de mens. Bij groenblijvende begroeiingen besparen we op dure stookkosten. Bedenkingen dat een begroeiing de pleisterlaag en gevel zou beschadigen of zelfs ruïneren, zijn ongegrond – vooropgesteld dat voor het aanbrengen de gevel op correcte wijze gepleisterd is.

De juiste klimplant kiezen

De keus van de juiste klimplant met de klimtechniek die bij de klimhulp past is belangrijk. Dat bespaart u ergernis en teleurstellingen.

Een veelgemaakte fout is bijvoorbeeld het aanplanten van klimop aan een draadraamwerk: klimop heeft muren of boomstammen nodig om te kunnen klimmen.

Het aanbod aan klimplanten is rijkgeschakeerd en groot. Op grond van hun groei-eigenschappen worden ze in groepen verdeeld. Allereerst moeten zelfhechtende, slinger- en rankende klimplanten en spreidende klimmers onderscheiden worden. **Zelfhechtende klimplanten** als wilde wingerd en de warmteminnende trompetklimmer (*Campsis radicans*) en de schaduwverdragende soorten klimop en klimhortensia klimmen met behulp van zuigvoetjes of hechtwortels rechtstreeks tegen de muur, bij voorkeur op een poreus oppervlak. Een verse pleisterlaag zorgt door zijn hoge pH-waarde aanvankelijk voor problemen.

Slingerplanten en **rankende klimplanten** hebben een klimhulp van gespannen roestvrijstalen draden, latwerk, kippengaas of iets dergelijks nodig. Slingerplanten zijn onder meer straalstempel (*Actinidia*-soorten), duizendknoop, hop en blauweregen, tuinkamperfoelie, boomwurger, Duitse pijp en eenjarige winde. Clematis en wijnstok zijn rankende klimmers. Bijzonder sterk groeien de natuurvormen van clematis, *Clematis montana* 'Rubens', *C. tangutica*, *C. alpina*. Clematishybriden als 'Nelly Moser', 'Jackmannii' en 'Ville de Paris' groeien langzamer, maar dragen prachtige bloemen.

Haag- en klimrozen zijn samen met de winterjasmijn **spreidende klimmers**; ze hebben een

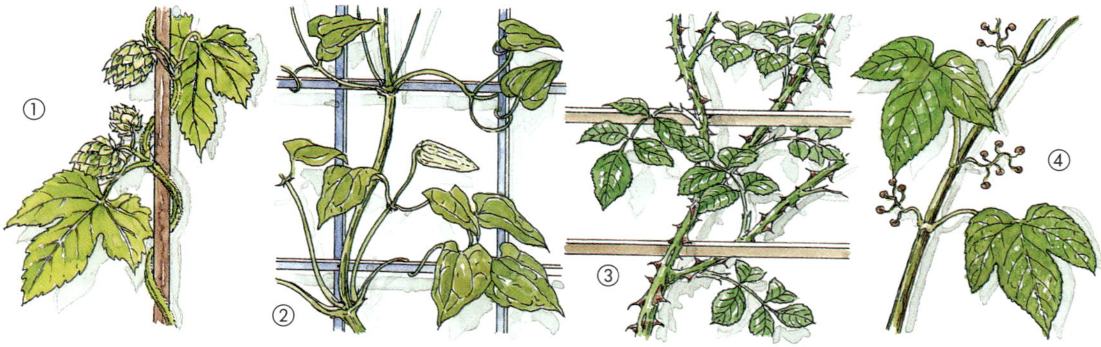

Klimplanten hebben verschillende klimtechnieken ontwikkeld: ① slingerplanten (hop), ② rankende planten (clematis), ③ spreidende klimmers (klimroos) en ④ zelfhechtende klimmers met hechtschijven (wilde wingerd) of hechtwortels (klimop).

raamwerk op ca. 15 cm van de muur nodig, zodat ze hun scheuten daartussen kunnen uitspreiden.

De groenblijvende kruipende kardinaalsmuts klimt spreidend met hechtwortels en bereikt een hoogte van ca. 2 m, net zoals de winterjasmijn.

Stevig klimrek

Het klimrek moet zeker groot genoeg zijn en goed bevestigd zitten, aangezien regen en weer zeer grote krachten uitoefenen en klimplanten heel zwaar kunnen worden.

Klimplanten in kuipen

Voor kleinere kuipen, potten en bakken, ook op terras en balkon, zijn eenjarige klimplanten het geschiktst. Eenjarige hop, pronkboon, wikke, sierpompoenen en kalebassen zijn sterk groeiende vertegenwoordigers van deze groep. Suzanne met de mooie ogen, Oost-Indische kers en *Rhodochiton atrosanguineus* groeien daarentegen zwakker.

Klimrekken voor eenjarige klimmers worden van sisal- of henneptouw opgebouwd; na de eerste vorst kan dit soort touw zonder meer mee de composthoop op.

Klimmende kuipplanten kunnen als eenjarige klimplanten gebruikt worden. Voorbeelden zijn de rozebloeiende passiebloemvariëteit 'Imperatrice Eugenie' en de Zuid-Afrikaanse *Podranea ricasoliana*; de klimaardappel (*Solanum jasminoides*) bloeit lichtblauw, de ook als kamerplant bekende *Jasminum grandiflorum* daarentegen wit. Leid ze langs draad omhoog.

Na krachtig terugsnoeien kunnen deze planten vorstvrij overwinteren.

Sterk groeiende klimplanten met een tophoogte tot 15 m zijn blauweregen, wijnstok, klimop, wilde wingerd, klimhortensia, de gewone clematis, duizendknoop en boomwurger.

Suzanne met de mooie ogen is in haar verschillende variëteiten een dankbare klimplant voor balkon en terras, die goed gedijt in grote potten.

Wat te doen in augustus

Hoewel we in de vakantiemaand augustus eerder aan ontspannen en nietsen denken, zijn er in de tuin een heleboel karweitjes op te knappen. Uit de warme dagen blijkt duidelijk dat de zon over haar hoogste punt heen is en tegen het eind van de maand kondigt de ochtendnevel in sommige streken al de nakende herfst aan.

Siertuin

Balkon- en kuipplanten verzorgen

Tijdens de hete hondsdagen (eind juli tot eind augustus) is het heel belangrijk om kuip- en balkonplanten voldoende water te geven. Nu blijkt de kwaliteit van de gebruikte potgrond. Goedkopere potgrond met een geringe wateropslagcapaciteit leidt onvermijdelijk tot problemen, omdat er vaak dagelijks extra water gegeven (zou) moet(en) worden. De wortelkluiten blijven nat en daardoor ontstaat er een gebrek aan stikstof; het gevolg is dat bij veel planten de fijne haarwortels, die voor de wateropname verantwoordelijk zijn, afsterven. Dat resulteert weer in het vergelen en afvallen van bladeren. Verzwakte planten zijn dikwijls alleen nog te redden door verpotten en krachtig terugsnoeien.

Goede potgrond geeft minder onderhoud

Een belangrijk criterium voor potgrond is een duurzaam stabiele structuur, die door de bestanddelen schorshumus en ook houthaksel wordt bereikt. Bijmengen van lava, puim en verkruimelde potscherven is heel gunstig voor kuipplantengrond, vooral voor de verbetering van de drainage. Ze ontplooien hun structuurvormende werking echter pas bij een aandeel van 50 %, zodat ze als enige structuurvormer slechts beperkt geschikt zijn.
Met het ontbreken van organische structuurvormers – daar hoort ook hoogwaardige schorshumus toe – worden de minerale structuurbestanddelen van de organische componenten als component en turf ingebed en stevig omsloten. Daardoor worden de grove poriën, die voor een toereikende zuurstofvoorziening zo belangrijk zijn, afgesloten. Het gevolg is dat de wortels stikken en afsterven.

Terugsnoeien

Bij sterk groeiende kuipplanten maakt terugsnoeien onderdeel uit van de normale verzorging. Het gebeurt meestal na de bloei. Snoei bij de **kaapmaluwe** (*Anisodontea capensis*) bijvoorbeeld de kroon bolrond terug tot de grootte van een voetbal.
Enkele andere kuipplanten reageren met een bloeipauze op de te grote hitte; dat geldt bv. voor **struikmargriet**, **lantana**, **heliotroop** en **fuchsia**. Gericht terugsnoeien stimuleert bij deze planten de vorming van nieuwe scheuten en bloemen.

De gentiaanboom *(Solanum rantonettii)* moet voor een rijke bloei koel overwinteren.

Tweejarige bloemen uitzaaien

De in juli gezaaide tweejarige bloemen worden nu verspeend. Dat gebeurt ofwel in potten ofwel direct in een perk. In potten vormen de planten betere kluiten en zijn ze gemakkelijk te handhaven.
Om snel krachtige planten te krijgen verspeent u kleine tuiltjes, bij driekleurig viooltje en anjer met een tot drie zaailingen en bij de andere met drie tot vijf zaailingen.

Madeliefje, goudsbloem, driekleurig viooltje en vergeet-mij-niet worden in de zomer uitgezaaid, zodat ze tot de herfst krachtige planten kunnen ontwikkelen.

Hagen snoeien

Conifeerhagen worden nu gesnoeid, zodat ze tot de winter krachtige scheutknoppen ontwikkelen. Behalve bij een taxushaag mag bij conifeerhagen niet tot in het oude, d.w.z. kale hout teruggesnoeid worden, aangezien **thuja**, **jeneverbes**, **spar**, **den** en **schijncipres** daarop geen nieuwe scheuten kunnen vormen. Is hun snoei gedurende enkele jaren verwaarloosd en zijn ze daardoor te sterk ontwikkeld, dan blijft dikwijls alleen rooien over als middel om de haag weer in proportie te krijgen.
Bij de nieuwe aanleg is het raadzaam om al vooraf door een weloverwogen keus van soorten en variëteiten de gewenste haagvorm en -omvang te bepalen. Vaak hoeft er dan minder gesnoeid te worden.
Op de reeds gesnoeide loofhagen vormen zich zwakke loten, die u nogmaals afsnoeit als ze het beoogde model verstoren.

Terugsnoeien bevordert de bloei

Snoei bij vaste planten – net zoals bij rozen – individuele, uitgebloeide bloemen terug. Als de plant definitief uitgebloeid is, knipt u de hele stengel net boven de grond af. Dat bevordert de vorming van een bladrozet en daardoor een sterker uitlopen het volgend jaar.
Blijf bij rozen onverlet alert op schimmels en bladluizen controleren. Nu al kunt u te zwakke loten op hun vertakkingsplaats afsnoeien, aangezien ze meestal geen bloemen dragen.

Bol- en knolplanten planten

Nu is het de ideale planttijd voor de in de zomer en herfst bloeiende bol- en knolplanten.

Nu is het planttijd voor de steppekaars *(Eremurus)*. Spreid de wortels voorzichtig uit, want ze breken gemakkelijk.

Ze vormen al aan het eind van de zomer nieuwe wortels en bladscheuten, waarmee ze overwinteren, en maken nu hun rustfase door. Herfsttijloos, steppekaars en madonnalelie behoren daartoe.

Gazon en bloemenweide

Tegen het eind van de maand augustus kunnen er na de grote zomerwarmte weer nieuwe gazons aangelegd worden. Maai tijdens de warme zomer het gazon niet te kort, zodat verbranding van de grasnerven vermeden wordt.
Regelmatig water geven is nu heel belangrijk voor het gazon, vooral bij nieuw aangelegde stukken. Bloemenweiden mogen daarentegen gerust ook eens droog vallen. Hier zijn karige condities gunstig en vergroten de soortendiversiteit. Na de eerste keer maaien volgt nu de twee luisterrijke bloei, die vlinders, bijen en hommels rijkelijk voedsel biedt.

Laatste bemesting

Vaste planten, zomerbloemen en ook het gazon kunnen nogmaals gemest worden, zodat ze tot aan de eerste vorst toereikend van voedingsstoffen voorzien zijn.
Een voorraadmest met een werkingsduur van 2-3 maanden volstaat. Daarbij kunt u ook wat minder geven dan in het voorjaar, zodat de planten kunnen uitrijpen.

Na het drogen worden de uien van de bedden gehaald, in vlechten samengebonden en opgehangen.

Moestuin

Tijd voor wintergroenten

Al aan het begin van de maand moeten de laatste wintergroenten als **boeren-** en **Chinese kool** geplant worden. De reeds geplante wintergroenten (zie blz. 19) hebben nogmaals een mestgift nodig. Tussen de opgroeiende **prei** kunt u nu **veldsla** inzaaien. **Kropsla** en **andijvie** kunnen tot het eind van de maand nog in de volle grond geplant worden. De eerste **spruitkool** heeft nu zijn hoogte bereikt. Knijp de groeitoppen uit om de vorming van spruitjes te bevorderen.

Uien oogsten

De uien zijn oogstrijp en mogen na het rooien nog op het bed blijven liggen om goed te drogen. Daarna bundelt u ze en hangt ze luchtig weg om verder te drogen.
Om ook in het voorjaar tijdig verse uien en vers uiengroen ter beschikking te hebben, zaait of poot u nu **winteruien**, die tot het voorjaar op de bedden blijven.

Veldsla als groenbemesting

Geoogste bedden die niet opnieuw beplant worden, zaait u in met een groenbemesting. Ook veldsla is een voortreffelijke groenbemesting en verrijkt bovendien uw spijskaart. Als er in het begin van de maand gezaaid wordt, volgt de oogst al in de herfst. Zaai in rijen met een afstand van ca. 10 cm. Is het

voor de veldslacultuur voorbestemde bed nog niet helemaal afgeoogst, dan kunt u de plantjes ook in multipotplaten opkweken en later op het bed uitplanten. Vul de bak met verspeen- of zaaigrond en zaai in ieder potje 4-5 zaadjes. Let er bij het latere uitplanten op dat de individuele plantjes slechts met de helft van de kluit in de aarde komen te staan. Zo is veldsla gemakkelijker te oogsten.
Zowel bij direct zaaien als aanplanten van veldsla wordt niet gemest, omdat de geringere behoeften aan voedingsstoffen gedekt worden door de gehalten die nog in de grond aanwezig zijn.

Aangevreten bladeren en hoopjes drek zijn altijd een teken van aantasting door vlinderrupsen. Oost-Indische kers en kool worden bijvoorbeeld heel vaak door koolwitjes belaagd.

Opgepast, koolwitje!

Bescherm opgroeiende **bloemkool** tegen de sterke zomerzon door de binnenste bladeren naar binnen te klappen. Controleer al vanaf juli de koolplanten nauwgezet om tijdig aantasting door de rupsen van het koolwitje op te sporen. De vlinders leggen gele, staafvormige eitjes op de bladeren. Voor hun bestrijding zijn *Bacillus thuringiensis*-preparaten heel geschikt. Wordt de rupsenbestrijding voor het sluiten van de kolen verzuimd, dan staat u bij de oogst een onaangename verrassing te wachten, aangezien de rupsen binnen in de kool doorvreten en slechts aangevreten resten overlaten.

Bij een slechts geringe plaag kunt u de rupsen en eitjes er ook probleemloos afplukken met de hand.
In de zomer treedt telkens weer de **melige koolbladluis** op. Bij consequent gebruik is hij effectief te bestrijden met middelen op basis van kalizeep of raapolie.

Verzorgingswerkzaamheden

De verzorgingswerkzaamheden in kas en kweekbak vervolgt u zoals voorheen. Onttop in het midden van de maand de **tomaten** boven de zevende of achtste bloeiende tros, aangezien nieuwe bloeiende trossen voor de vorst niet meer rijpen en de plant onnodige krachten kosten. Op z'n laatst aan het begin van de maand volgt bij **komkommers** en **tomaten** de laatste bemesting, waarbij u het laatste derde deel van de totale hoeveelheid mest die u aan het begin van de cultuur berekend hebt, opbrengt.
Onttop de inmiddels hoog opgegroeide kaskomkommers wanneer ze het kasdak bereikt hebben; dat bevordert de activiteit van zijscheuten.
Voor de opvolgende kropslateelt zaait u nogmaals een herfstras in (zie voor rassuggesties blz. 19). Met de rijke oogst uit de tuin moet u zo spaarzaam mogelijk omgaan. Consumeer zo veel mogelijk vers en conserveer het overschot door inmaken, invriezen en uitpersen, zodat de gehaltes aan waardevolle vitaminen en mineralen zo veel mogelijk behouden blijven.

Boomgaard

Eerste fruitoogst – vroege rassen

Afhankelijk van het weersverloop begint met het rijpen van de rassen 'Oogstappel' en 'James Grieves' de oogst van vroege appels en peren. Laat appels altijd helemaal uitrijpen alvorens ze te oogsten. Rijpe vruchten herkent u doordat de appelsteel gemakkelijk van het hout loslaat en de pitjes binnenin bruin kleuren. Vroege rassen rijpen nu ongelijkmatig, meerdere malen oogsten is derhalve raadzaam. Pluk **peren** voordat ze helemaal rijp zijn en laat ze opgeslagen kort narijpen. De vroege fruitsoorten zijn in de regel niet lang houdbaar. Lekkere alternatieven voor consumptie van vers geoogste vruchten zijn de bereiding van compote, verwerking in zoete lekkernijen en uitgeperste sappen. Overtreft de oogst de behoefte, dan laat u de vruchten op de grond liggen of gooit u ze op de composthoop, waar ze voor veel insecten en andere kleine dieren een belangrijke voedselbron vormen.
Door hun hoge suikergehalte gisten de vruchten heel snel, wat de eetlust van verschillende beestjes alleen maar stimuleert. Voorzichtigheid is dan geboden met kleine kinderen, want de vruchten lokken wespen aan.

Met de rijpende oogstappels begint de appeloogst in de tuin. Ze smaken vers van de boom het beste.

Terugsnoeien bij kers & co.

Zoete kers, zure kers, abrikoos en **perzik** zijn zeer nauw verwante boomsoorten. Daarom kunt u bij al deze soorten haast identieke onderhoudsmaatregelen treffen. Kort na de oogst bomen die te groot geworden zijn in door krachtig terugsnoeien van oude takken. Bestrijk wonden met een doorsnede van meer dan 3 cm met wondafdekmiddel.
Het sterke terugsnoeien in de zomer is heel gunstig, aangezien de bomen nu ten volle actief zijn en de grote wonden snel sluiten.

Veredelingen nabehandelen

Bij meervoudige veredelingen laat u slechts één rijs, in de regel de bovenste, domineren. Snoei de andere terug.
Vernieuw de mulchlaag onder de fruitgewassen.

Andere verzorgingswerkzaamheden

Voor een rijke **aardbeienoogst** moeten de plantwerkzaamheden al aan het begin van de maand afgesloten worden. Plant een nieuwe cultuur op een ander bed om de eenzijdig uitgeputte grond op krachten te laten komen. Bereid een nieuw bed met een **groenbemesting** voor.

September

Heggen – groene muren in de tuin 106

Siertuin 110

Moestuin 112

Boomgaard 113

Heggen – groene muren in de tuin

Een poortje in de heg wekt nieuwsgierigheid naar wat zich erachter verbergt.

Heggen zijn in de tuin bij het huis ideale afgrenzingselementen. Weliswaar nemen ze meer plaats in, maar tegenover muren en schuttingen hebben ze een heleboel voordelen.

Behalve het huis tegen inkijk en lawaai beschermen, vervullen ze bij een weloverwogen plantenkeuze belangrijke ecologische functies.

Wie een heg wil aanplanten, moet eerst enkele punten ophelderen:

- Hoe hoog moet de heg zijn?
- Hoe breed mag hij worden?
- Moet de heg regelmatig gesnoeid worden?
- Zijn groenblijvende of in de zomer groene struiken of bomen gewenst?

Allemaal vragen die in overleg met een competente vakman ten laatste bij het kopen beantwoord dienen te zijn. Een juiste keuze van planten verlicht het onderhoud.

Vrij groeiende heggen

Heggen van verschillende rijen dik

Met voldoende ruimte voor het aanplanten van een **heg** van verschillende rijen dik van inheemse vogelstruiken of -bomen schept u een ideale habitat voor vogels, allerlei kleine dieren en andere nuttige tuinhelpers. Een heg van drie rijen neemt echter vijf tot zes meter breedte in beslag. Om ecologische redenen zou u overwegend inheemse loofsoorten moeten planten, die met hun besvruchten vogels rijkelijk voedsel bieden.

Maar ook naaldboomheggen, zoals van thuja's of sparren, zijn niet 'onecologisch', integendeel: ze worden door vogels graag aangenomen als nestplaats.

Heggen van één rij

Ook **bloeiende heggen van één rij** in kleinere tuinen kunnen door tussenbeplanting van vruchtgewassen zeer interessante biotopen voor vogels en andere kleine dieren scheppen. Rotsmispel, hazelaar, sneeuwbal, kardinaalsmuts, kamperfoelie, kornoelje, wilde roos zijn heel geschikt, forsythia, vlier, kolkwitzia, jasmijn, ranonkel en vlinderstruik verhogen de sierwaarde.

De rozenbottels van haagrozen worden graag door vogels gegeten.

Spiraea japonica 'Little Princess' is zeer geschikt voor halfhoge heggen (0,5-1 m).

Voor hogere vormheggen (meer dan 2 meter) zijn vooral haagbeuk, veldesdoorn, liguster en als naaldboom taxus geschikt. Ze verdragen knippen goed en kunnen indien nodig ook sterk teruggesnoeid worden.

Geknipte heggen

Voor regelmatig geknipte heggen bestaan eveneens grote keuzemogelijkheden. Bij de loofheesters worden groenblijvende soorten, zoals buxus, liguster, hulst en laurierkers, onderscheiden van alleen in de zomer groene soorten. Buiten de inheemse lariks, een zelden als haag aangeplante boom, blijven alle andere als heg bruikbare naaldbomen groen in de winter.

Ecologisch minder zinvol zijn de zuilvormig groeiende schijncipresvariëteiten *Chamaecyparis lawsoniana* 'Alumii', 'Columnaris' en 'Golden Wonder' en de levensboomsoorten *Thuja occidentalis* 'Columna' en 'Smaragd'. Deze variëteiten zijn eveneens goed geschikt voor geknipte heggen.

Halfhoge heggen (tot 1 meter hoog) zijn minder geschikt als beschutting tegen inkijk en lawaai. Wel kunnen er afzonderlijke delen van de tuin mee afgegrensd worden. De kleine slanke deutzia (*Deutzia gracilis*), kruipden en vingerkruid (*Potentilla fruticosa*), alsmede verschillende rozenvariëteiten, dwergliguster en laurierkers zijn daarvoor geschikt.

Lagere perkomheiningen

Uit de baroktuin kennen we lage, omheinde heggen als vormgevingselement. Via de traditionele boerentuin hebben ze hun weg naar de moderne huistuin gevonden. Zoals vroeger worden ze nu als begrenzing van paden en perken aangeplant. Het bekendst is de laagblijvende dwergbuxus *Buxus sempervirens* 'Suffruticosa'. Naast kleinblijvende vingerhoedsvariëteiten zijn ook lage rododendrons zoals de variëteiten 'Baden-Baden' en 'Scarlet Wonder' heel geschikt, mits de bodem aan de eisen voldoet. De vaste planten hysop, lavendel en gamander kunnen eveneens als dwerghegplanten gebruikt worden.

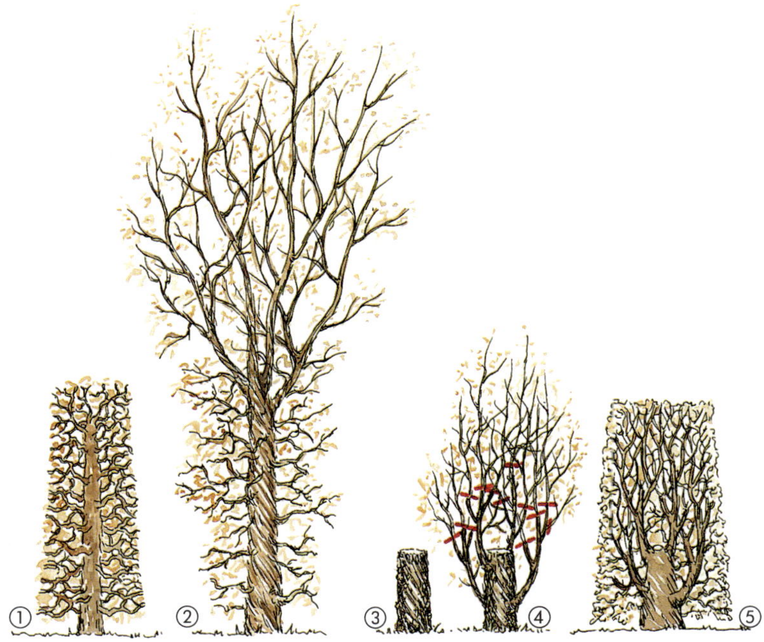

Een ooit geknipte haagbeukheg ① is verwilderd en doorgeschoten ②. U kunt ze nu opnieuw modelleren door ze eerst op ca. 50 cm hoogte op stronk te zetten ③. Knip de nieuwe scheuten het daaropvolgende jaar nog eens sterk terug ④ en begin daarna door regelmatig snoeien aan het opnieuw opbouwen van de heg ⑤.

Heggen snoeien

Voor alle hegaanplantingen is het snoeien het belangrijkste onderhoudskarwei. Natuurlijke, vrij groeiende heggen worden om de drie tot vijf jaar zoals alle normale sierheesters verjongd om een dichte opbouw van onderen te kunnen ontwikkelen.

Tip

Kruipdennen vragen om een bijzondere snoei, aangezien ze zeer ongelijkmatig groeien. Als jonge aanplant kort u begin juni de scheuten van het jaar in. Daardoor vormen zich nieuwe scheutknoppen voor een dichte, bossige groei.

Tip

Het snoeiafval kan in de heg blijven; het wordt dan gebruikt door insecten die in dood hout wonen.

Zijn individuele struiken te groot geworden, dan kunnen ze op 'stronk gezet' worden. Daartoe knipt u ze vlak boven de grond af.
Vormelijk geknipte heggen krijgen een- tot tweemaal per jaar een snoeibeurt. Daarbij zou u bij normale hegvormen een licht trapeziumvormige snoei moeten nastreven, waarbij de heg iets breder blijft dan de bovenkant; daardoor wordt hij van onder niet kaal.

Heggen planten

Het voor een heg benodigde aantal planten hangt af van de grootte van de planten op het moment van planten en verschilt ook van soort tot soort. Aangezien er minder planten per strekkende meter nodig zijn naarmate de planten groter zijn, wordt het prijsvoordeel van kleinere planten vaak weer gecompenseerd, zodat, mede om andere voordelen, het kopen van grotere planten aan te bevelen is. Houd voor grotere vrij groeiende heggen een plantafstand van 1 tot 1,5 meter aan.

Aangeboden vormen

Containerplanten kunnen haast heel het jaar door geplant worden, baalgoed in het voor- en najaar, planten met naakte wortels alleen tijdig in het voorjaar of late herfst. Heesters in balen of containers hoeven in de regel niet gesnoeid te worden bij het planten; die met naakte wortels moeten daarentegen dan juist wel teruggesnoeid worden. Met naakte wortels krijgt u jongere heesters, waarvan de vormontwikkeling door juist snoeien in de kwekerij net begonnen is. Terwijl bij jonge **haagbeuken** (die alle een dunne stam ontwikkeld hebben) de zijscheuten en scheuttoppen licht ingekort worden, knipt u **liguster**struiken aan alle scheuten sterk terug. Kort de wortels iets in.

Het planten in een geul

Graaf voor het planten langs een gespannen touw een geul uit, die ruimschoots breed en diep genoeg is voor de wortelkluiten. Terwijl de ene persoon de planten op hun plaats houdt, schuift de andere van beide kanten aarde op de wortels in de geul. Af en toe aantrappen voorkomt holle ruimtes rond de wortels. Tot slot richt u de afzonderlijke planten in een rechte lijn uit, drukt nogmaals aan en geeft flink water. Direct na het planten kan al een eerste, nog voorzichtige vormsnoei uitgevoerd worden.

Grensafstand

Bij het planten van heggen aan de rand van de tuin of een stuk land dient u de wettelijke regelgevingen van het burenrecht in acht te nemen. Overleg en afspraken met de buren spreken voor zich en helpen latere ergernis te vermijden.

Als lage omheining zijn de buxusvariëteit 'Suffruticosa' en de ligustervariëteit 'Lodenge' geschikt.

Wat te doen in september

In september breken de eerste koude nachten aan, en ook de eerste bladeren verkleuren al. Het bloembollenaanbod in de winkels herinnert ons eraan dat we ons moeten voorbereiden op de winter en het komende voorjaar. Ons werk wordt nu met rijke oogsten beloond, en we vinden wat meer tijd om van het herfstzonnetje te genieten.
Zonnige dagen in de herfst betekenen meestal ook aanhoudende droogte. Daarom is het nu bijzonder belangrijk om alle vers geplante en nog ten volle groeiende heesters, groenten en sierplanten toereikend water te geven.

Siertuin

In september worden bloembollen geplant. Met meerdere bollen in kleine bosjes gezet ogen ze in de bloeitijd zeer natuurlijk. De juiste planttijd wordt bepaald door de bolhoogte.

Bloembollen planten

Hét thema in september is natuurlijk het planten van bloembollen. Vanaf nu biedt de vakhandel een rijk assortiment geliefde voorjaarsbloeiers als **tulpen**, **narcissen** en **hyacinten** aan.
We kunnen kiezen uit een reusachtig aantal variëteiten met de meest uiteenlopende kleuren, vormen en groeihoogtes. Met zulke keuzemogelijkheden is voor ieder toepassingsdoel de juiste bol te vinden.

De juiste grootte

Naast hun gezondheid is de omvang van bloembollen het belangrijkste kwaliteitscriterium. Telkens wordt de omvang van de bol gemeten. Voor de verschillende soort gelden bepaalde minimummaten, die als een waarborg voor een goede kwaliteit beschouwd kunnen worden. Te kleine bollen dragen geen of slechts kleine bloemen. Bij **tuintulpen** is de grootte 12/+ (dus een bolomvang van minimaal 12 cm), bij **hyacinten** de grootte 17/18 en bij de grote **gele narcissen** de benaming **'dubbele neus'** ideaal voor een rijke bloemvorming. Het laatste heeft betrekking op een bijzonderheid bij de **narcissen**, waarvan de bollen zijwaarts dochterbollen afsplitsen. Een 'dubbele neus' geniet daarom de voorkeur. Bij de andere bollen hangt de omvang sterk van de soort en variëteit af.

Neem in principe altijd de grotere, iets duurdere bollen. Goedkoper aangeboden bloembolassortimenten, die uit een aantal verschillende soorten en variëteiten bestaan, bevatten meestal onderontwikkelde bollen, die te klein zijn om te bloeien, en laten slechts weinig verwachten.

Hoe combineert u bloembollen?

Veel van de kleinblijvende voorjaarsbloeiers zijn ideale buren van struiken en bontbloeiende heggen. **Sneeuwklokje**, **zomerklokje** (*Leucojum*), **sterhyacint** (*Scilla*), **winterakoniet** en lage **anemonen**, **helmbloemen** en **hondsgras** (*Erythronium*) zijn slechts een greep uit de bollen die geschikt zijn als onderbeplanting van bladheesters. Ook in hun natuurlijke verspreidingsgebied leven ze in lichte loofbossen.

Kleinblijvende wilde vormen zijn uitstekend geschikt voor de rotstuin en kleine perken. De laatste tijd zijn voor dit doel tal van nieuwe cultivars ontwikkeld. Uiterst sierlijk zijn de **narcis**variëteiten 'February Gold', 'Tête-à-Tête', 'Hawera', 'Itzim', 'Jenny', 'Baby Moon' en andere. Bij de **tulpen** zijn de lage wilde soorten *Tulipa clusiana* en *T. saxatalis*, *T. tarda*, *T. turkestanica* en *T. undulatifolia* zeer geschikt. *Tulipa humilis* wordt meestal als de variëteit 'Violacea' aangeboden, ook al staat dat niet aangegeven. Deze mooie vorm valt bijzonder op door de intens donkerviolette kleur van de bloemen. Ook de zogenaamde **botanische tulpen**, vooral *Tulipa greigii-* en *T. kaufmanniana*-variëteiten, zijn voor dit doel prima geschikt; ze plezieren ons met relatief grote bloemen op korte stelen. Vaak is hun blad met een bruin patroon getekend.

Gazon inzaaien

Tot midden september kunt u nog gazons inzaaien. Bij later zaaien kunnen de fragiele plantjes daarentegen bevriezen en uitdrogen.

Snij- en droogbloemen

Veel zomerbloemen zijn prima geschikt als snijbloemen. Daaronder vinden we **zinnia**, **leeuwebekje**, **zonnebloem**, **goudsbloem**, **korenbloem**, **cosmea**, **violier**, **zonnehoed** en **lamsoor**. Plant ze in eigen perken aan om een voorraad voor de vaas te hebben.

Vossestaart, **afrikaantje**, **zonnehoed**, **lamsoor**, **juffertje in 't groen**, **korenbloem**, **rode immortelle**, **strobloem**, **schelpbloem** (*Moluccella*) en de bloeiwijzen van verschillende **grassoorten** kunnen meteen na het afsnijden gedroogd en bewaard worden op een donkere, luchtige plaats.

De strobloem *(Helichrysum bracteatum)* is een oude bekende droogbloem. Voor droogstukjes worden de nog gesloten, echter al ten volle ontwikkelde bloemen afgesneden en te drogen gehangen. Opgepast, want vaak zitten er wespen onder de bloemen!

Snijd daartoe de bloemen met halflange steel af, bundel ze in bosjes van tien en hang ze ondersteboven op een warme en luchtige, maar schaduwrijke plaats. Na het drogen kunnen ze tot aan hun verwerking tegen stof beschermd in dozen koel bewaard worden.

Bemesting beëindigen

Vanaf nu houdt u op met het mesten van volle grond, kweekbak en kas om de grond niet onnodig te belasten. Houd vlies bij de hand als bescherming in de eerste koude nachten en houd op zeer zonnige en heldere dagen de thermometer goed in het oog.

Laten uitzaaien of terugknippen?

Sterk zaadvormende vaste planten, zoals **margriet**, **akelei**, **koekoeksbloem**, enz., knipt u terug tot op de grond om een ongecontroleerde vermeerdering te vermijden. Andere vaste planten, vooral de **grassen**, laat u tot in het voorjaar staan. Ze dienen in de winter als extra voedselbron voor veel vogels. De zaaddozen van verschillende vaste planten zijn bovendien goed te drogen. Ga op dezelfde manier te werk als met **droogbloemen**.

Groenblijvende en naaldbomen planten

Vanaf het midden van de maand breekt de planttijd voor naaldbomen en groenblijvende bomen en heesters aan. Geef ze bij aanhoudende droogte voldoende water om de groei van de wortels te stimuleren en er zeker van te zijn dat ze opgroeien. De bladen of naalden af en toe sproeien koelt de planten af en beschermt tegen verdamping.

Zoetzure komkommers volgens het recept van mijn oudtante:

Ingrediënten:
2,5 kg overrijpe komkommers, 1 l water, 1/2 l azijn, 300 g suiker, inmaakkruiden

Bereiding:
Schil de komkommers, halveer ze in de lengte en verwijder de pitjes met een zilveren lepel. Zout de komkommerhelften in en laat ze gedurende de nacht afgedekt in een schaal staan. Aansluitend laat u de afgedroogde komkommers samen met het water, de azijn en suiker wellen. Haal de komkommers eruit en breng het vocht samen met de inmaakkruiden nogmaals aan de kook. Doe de komkommers in glazen potten met schroefdeksel en giet er het vocht op totdat de vruchten bedekt zijn.

Moestuin

Wie in augustus of september van vakantie terugkeert, staat voor een grote hoeveelheid oogstbare vruchten. **Tomaten**, **komkommers** en **courgettes** rijpen in de warme zomertijd heel snel en bezorgen ons een rijke oogst. Ietsje overrijpe, dikke komkommers zijn uitstekend geschikt voor het bereiden van **zoetzure komkommers**. Dat is een lekker bijgerecht, dat u net zoals augurken in het zuur kunt geven.

Bescherming tegen de eerste nachtvorst

Houd vlies, folie en dekens klaar als bescherming tegen de eerste nachtvorst. Oogst bij ongunstig weer de kwetsbare groentesoorten nu al af.
Tomaten kunnen narijpen op een lichte, goed geventileerde plaats. **Paprika**, **courgette** en **komkommer** smaken ook als kleine vruchten heerlijk.

Nu bezorgt de moestuin ons een rijk gedekte tafel.

De bedden opruimen

Komkommer- en meloenplanten in de kweekbak zijn in de loop van de zomer meestal compleet uitgeput geraakt, zodat u na de oogst de nog aanwezige vruchten op de bedden kunt ruimen.

Zijn de bedden niet meer nodig in de herfst, dan kunnen het oogstafval en de plantenresten meteen op het bed blijven liggen of in de grond gewerkt worden wanneer u een groenbemesting inzaait. Beplant de vrije vakken met kropsla en andijvie en overkap deze onmiddellijk.

In de volle grond kunt u altijd nog **veldsla, spinazie** en **winterpostelein** zaaien. Ze gebruiken de aanwezige voedingsstoffen en houden de grond los.

Nu groenbemesting inzaaien

Zaai de vrijblijvende bedden in met een groenbemesting. Heel geschikt voor zware grond zijn de diepwortelende kruisbloemige **zomerraap**, **rammenas** en **mosterd.**

Begin nu ook alvast na te denken over het teeltplan voor volgend jaar, om geen bedden te blokkeren.

Boomgaard

Aardbeibedden verzorgen

De vruchtzetting van de aardbeien van volgend jaar ontwikkelt zich nu in de herfst al. Daarom is het belangrijk om de aardbeiplanten van voldoende voedingsstoffen en water te voorzien.

Geef aan het begin van de maand nog een keer een flinke

compostgift, dek die af met mulch en geef veel water.
Tussen de rijen aardbeien kunt u met een afstand van 15 x 15 cm knoflooktenen en pootuien poten; u kunt ze dan het volgende voorjaar oogsten. Onttop tot half september – mocht het nog niet gebeurd zijn – de spruitkoolplanten om de spruitjes te bevorderen.

Fruit oogsten en opslaan

De fruitbomen trakteren ons nu op een rijke oogst. Om de vruchten te kunnen bewaren moet u ze voorzichtig behandelen tijdens de oogst. Pluk de **appels** als ze ten volle rijp zijn; dan laten ze gemakkelijk van het vruchthout los. Een oogstzak aan een lange stang verricht waardevolle diensten. Vaak is het niet te vermijden om voor het oogsten van fruit op een ladder te klimmen. Neem hem voor gebruik kritisch onder de loep en vergewis u van zijn deugdelijkheid.
Peren plukt u al wat vroeger om ze op hun bewaarplaats te laten narijpen.
Gebruik uitsluitend vlekkeloos, gezond fruit om te **bewaren**. Maak de stellages voorafgaande aan de opslag grondig schoon en zorg voor een goede ventilatie in de opslagruimte. Aangeslagen of afgevallen vruchten kunnen meteen gegeten, in de keuken gebruikt of tot heerlijke appel- of appelperenmost verwerkt worden.
September is dé maand van **kwetsen**, **pruimen**, **reine-claudes** en **mirabellen**. Daar ze hun volle rijpheid snel overschrijden, blijft dikwijls alleen conservering door invriezen of bereiding van compote over.

Let bij de opslag van fruit op voldoende verse lucht en afstand tussen de vruchten. Aangeslagen fruit moet meteen verwerkt worden.

Vergeet bij de oogst van alle fruitsoorten niet dat vruchten die aan de boom blijven of afgevallen fruit dat op de grond blijft liggen, een rijk gedekte tafel biedt aan allerlei dieren, die in deze tijd hun winterspek opbouwen.

(Woel)muizen bestrijden

Aan het begin van de koude tijd van het jaar trekken muizen en woelmuizen graag de tuin binnen. Zet voor hun bestrijding vallen uit. **Woelmuizen** mogen zich heel graag onder een mulchlaag verschuilen. Let dus goed op en zet bij het minste geringste teken vallen op scherp. De vallen mogen alleen met handschoenen aangeraakt worden om de knaagdiertjes met hun gevoelige neus niet af te schrikken. Geschikt lokaas zijn stukjes wortel of aardappel. Immigrerende muizen lokt u met chocoladepasta, een voor muizen onweerstaanbare lekkernij.

Vruchtbomen planten

Voor de meeste vruchtbomen is de herfst de beste planttijd. Voor geplande nieuwe aanplantingen kunt u nu al de bodem voorbereiden door de grond goed los te maken, er oppervlakkig compost in te werken en het voorbereide vlak met mulch te bedekken.

Oktober

Bomen in de tuin

De roodbloeiende paardekastanje *Aesculus x carnea* 'Briotti' is een zwak groeiende variëteit van de bekende paardekastanje en ook heel geschikt voor de kleinere tuin.

Houtgewassen, vooral bomen, vormen in de tuin belangrijke elementen. Bomen gelden als symbool van het leven, in hun nabijheid voelen we ons beschermd en geborgen. Het verschijnen van de eerste blaadjes in het voorjaar vervult ons ieder jaar weer met nieuwe energie en levenszin. Maar ook evidente ecologische eigenschappen pleiten voor het planten van bomen en heesters. Ze geven schaduw, filteren stof, produceren zuurstof, koelen en bevochtigen de lucht en bieden onderdak aan hordes dieren.

Grote en kleine bomen

Al deze nuttige functies kunnen we met het planten van passende bomen ook in onze tuin halen, indachtig het motto: in iedere tuin hoort een boom. Slechts weinig tuiniers beschikken over voldoende ruimte om echt grote bomen als kastanjes, walnotenbomen, essen, eiken en linden te planten. Maar ook bezitters van kleinere tuinen hoeven niet van bomen af te zien.

Kleine bomen

Kleine bomen met een hoogte van acht tot tien meter (als volwassen exemplaar) en een kroondiameter van vijf tot zes meter zijn het geschiktst. De rode meidoorn 'Paul's Scarlet', de meidoorn *Crataegus x lavallei*, de huispruim, verscheidene sierappels, sierkersen en esdoornsoorten behoren naast vele andere tot het omvangrijke assortiment tuinbomen, die overal verkrijgbaar zijn. Laat u bij het kopen uitvoerig adviseren over de groei-eigenschappen van de verschillende soorten en variëteiten.

Een overgang tussen de kleine bomen en grote heesters vormen zwakgroeiende variëteiten van enkele grote bomen. De roodbloeiende paardekastanje 'Briottii', de veldesdoorn 'Esrijk', de winterlinde 'Greenspire' worden slechts ongeveer 15 m hoog.

Grote heesters

Anderzijds is de grens tussen kleine bomen en grote heesters, of struiken, vaak niet erg duidelijk, aangezien dezelfde soorten nu eens als struik en dan eens als hoogstammen gekweekt worden.

- Als zuivere struiken schieten hazelaar, zanddoorns, verschillende wilgen- en sneeuwbalvariëteiten, vlier en rode kornoelje heel hoog op.
- Hulst, laurierkers, rododendron en taxus zijn hoog wordende heesters, die bovendien uitstekend schaduw verdragen.
- Bekende bloeiende heesters zijn toverhazelaar, forsythia, vlier, sierkers, sierappel, boerenjasmijn, magnolia, rotsmispel, kolkwitzia, weigelia, struikrozen en vele meer.
- Veenborderplanten hebben een zure turfbodem nodig: rododendrons, azalea's en dopheide zijn typische vertegenwoordigers.

Bomen kopen

Bij het kopen zijn de grootte en kwaliteit doorslaggevend voor het zekere opgroeien. Door meervoudig verplanten in de boomkwekerij vormen bomen en struiken een dichte, door fijne wortels doortrokken wortelkluit, die na het rooien met jute of ijzergaas ingebonden en bij elkaar gehouden wordt.

Planten met naakte wortels, d.w.z. zonder aardkluit aan de wortels, zijn weliswaar goedkoop, maar hun scheuten en wortels moeten bij het planten sterk teruggeknipt worden. Bij rozen, jonge hegplanten, wilde bomen en heesters en fruitbomen is dit de gebruikelijke handelsvorm.

Struiken en bomen worden met bepaalde aanduidingen van grootte en kwaliteit aangeboden. Er wordt informatie verstrekt over

- hoe vaak de plant verplant is (2 x v, 3 x v, 4 x v, enz.),
- de plantgrootte in centimeters (60-100, 100-125, 125-150, 150-200) en

De sierappel *Malus x zumi* 'Prof. Sprenger' wordt slechts ca. 4 m hoog.

- het aanwezig zijn van een kluit (mk) of een kluit met draadwerk (md).
- Houtgewassen in de pot worden met Pt aangeduid.
- Bij grotere potten spreekt de vakman van containers; de afkorting Co daarvan wordt aangevuld met de opgave van de containerinhoud in liters (bv. Co 3 l).
- Solitair worden struiken met extra brede stand genoemd, die minstens driemaal verplant zijn.
- Bij hoogstammen en bomen is de opgave van de grootte vervangen door de maat van de stamomvang, gemeten op 1 meter hoogte. De aanduiding voor vruchthoogstammen met de gebruikelijke plantgrootte luidt dan 2 x v 8-10; de volgende grootte is

reeds driemaal verplant en luidt: 3 x v 10-12.

- **Hoogstammen** zijn bomen met een stamhoogte van minstens 1,80 meter, **halfstammen** zijn minimaal 0,80 meter hoog, spilbomen (alleen bij vruchtbomen) hebben een stam van minstens 40 tot 60 cm.

Bij het kopen van bomen en heesters wordt hun grootte meestal door de portemonnee begrensd, want zeer grote bomen lopen, door hun ouderdom en de oplopende arbeidskosten voor het meervoudig verplanten, algauw in enkele duizenden euro's. Deskundig geplant en verzorgd, groeien echter ook kleinere exemplaren van de bomen en heersters probleemloos op.

Planten van een inheemse boomkwekerij verdienen de voorkeur boven geïmporteerde, omdat ze in de streek opgegroeid zijn en een stuk beter overweg kunnen met de heersende klimatologische omstandigheden.

Loof- of naaldbomen?

Het is geheel een kwestie van persoonlijke smaak of u voor loof- of naaldbomen kiest. Naaldbomen groeien meestal kegelvormig. Wanneer ze een statige grootte moeten bereiken, hebben ze heel veel grondoppervlakte nodig. Loofbomen doorlopen een seizoensgebonden cyclus. Vooral besdragende houtgewassen leveren vogelvoer. Het zijn allemaal overwegingen. Het afgevallen blad kan gecomposteerd worden en is als mulch een ideale bodemverbeteraar.

Kiest u voor loofbomen, dan moet u onthouden dat ze uitstekend te combineren zijn met vaste planten en bloembollen die van nature in het bos en aan de rand van het bos groeien. Leverbloempje, sneeuwklokje, helmbloem, winterakoniet en lelietje-van-dalen zijn maar enkele vertegenwoordigers van deze groep.

Bomen en heesters planten

Voor een snel opgroeien en goede verdere ontwikkeling is zorgvuldig planten een belangrijke voorwaarde. Graaf allereerst een plantgat uit, voldoende groot voor de complete wortelkluit. Spit in dichte grond de bodem van het plantgat om. Plantgaten voor kluitloze bomen en struiken zijn in de regel minder diep, maar voldoende breed om de wortels ruim plaats te bieden. Staat de boom of struik op zijn definitieve plaats, dan opent u de jutezak of het gaaswerk om de kluit, maar laat die in het plantgat om de kluit liggen.

Vul het plantgat rond de wortels op met de uitgegraven aarde of een mengsel daarvan met compost. Bij grotere kluiten is het belangrijk om holle ruimtes onder de kluit te vermijden door de aarde goed aan te drukken, want anders loopt het opgroeien gevaar. Druk bij grote plantgaten tijdens het opvullen de aarde tussentijds meermaals aan. Vorm tot slot een gietrand voor het gietwater.

Bomen en heesters planten
Het plantgat moet voldoende groot zijn om de wortel niet te knikken.

Overvloedig begieten na het planten spreekt vanzelf. Een gietrand verhindert dat het water wegloopt.

Stevig aanbinden met een kokosband is belangrijk voor het opgroeien.

Steunpaal

Grote bomen en struiken moet u na het planten verankeren. Struiken en naaldbomen geeft u steun met een of twee schuine palen, half- en hoogstammen zonder kluit met een verticale paal op een afstand van 5 tot 10 cm tot de stam. Kluitgoed krijgt twee palen, die buiten het plantgat ingeslagen en door een lat verbonden zijn. Grotere bomen en stamheesters zet u vast met behulp van een raamwerk van drie of vier palen, onderling verbonden door latten.

De palen moeten minimaal 30 cm in de vaste bodem ingeslagen worden. Hoogstammen bindt u 20-30 cm onder de kroonaanzet aan. Heel geschikt als bindmateriaal is een sterke kokosband. Wanneer u slechts één paal gebruikt, zet u hem in de windrichting vóór de boom. Omwikkel in een acht stam en paal twee- tot driemaal. Omwikkel deze verbinding daarna nog eens enkele malen dwars tussen stam en paal. Daardoor ontstaat een verbinding die tegen duwen en trekken bestand is, maar toch ook los genoeg is om de schors niet te beschadigen. Op z'n vroegst na twee vegetatieperiodes mag het bindmateriaal pas verwijderd worden. De knopen nu en dan controleren is raadzaam.

De laatste stap is het gieten. Geef flink en enkele keren achtereen water. De na het planten aangelegde dam zorgt ervoor dat het water langzaam wegsijpelt. Geef tijdens de eerste vegetatieperiode voortdurend toereikend water, vooral op hete en winderige dagen. Ter afsluiting mulchen van het plantvlak koelt de bodem af en reduceert de waterverdamping.

Bomen en heesters snoeien

Door gericht, deskundig snoeien kunt u veel bomen en heesters op een bepaalde grootte houden. Belangrijk daarbij is echter dat ze daardoor niet hun habitus, oftewel hun typische groeivorm verliezen. Regelmatig snoeien bevordert bij veel houtgewassen de bloemvorming. Bij vruchtbomen wordt door vakkundig terugsnoeien in de zomer en winter de oogst zeker gesteld en de groei gereguleerd. Deskundig snoeien vergt veel kennis en ervaring. Specialisten kunnen zelfs grote bomen die snoeien verdragen, zoals lindes, verkleinen.

Bedenk tot besluit dat bomen en struiken levende tuinonderdelen zijn, die tijdens hun ontwikkeling de standplaatscondities wijzigen. Als u bomen en struiken plant, neemt de schaduw in uw tuin toe, verandert rottend blad de grondeigenschappen en ontstaan er beschutte niches tegen de wind. Houd met deze veranderingen rekening in de keus van de onderbeplanting.

Met de gepaste snoei behouden sierheesters door de jaren heen hun typische groeivorm. Ook hier geldt het principe: ver terugsnoeien bewerkstelligt een sterk uitlopen; korter snoeien een zwak uitlopen.

Wat te doen in oktober

Dat het tuinjaar nu zoetjesaan zijn einde bereikt, valt niet meer over het hoofd te zien. Niettemin trakteert juist oktober ons op een schitterende kleurenpracht, die ons geleidelijk aan op de stillere dagen van de winter afstemt.
In de tuin zetten we onze activiteit op een lager pitje en stellen de grote herfstschoonmaak uit tot komend voorjaar. Juist nu zouden we onze menselijke drang tot orde scheppen moeten onderdrukken, zodat de dieren en planten in de tuin hun natuurlijke overwinteringsmogelijkheden behouden.

Siertuin

Mocht het nog niet gebeurd zijn, dan is er in oktober nog genoeg tijd om bloembollen te planten.

Kuipplanten naar binnen halen

Het gevaar van nachtvorst neemt van dag tot dag toe, zodat u bij ongunstig weer de kuipplanten voor de zekerheid op beschutte plaatsen tegen gebouwen zet. Probeer het overbrengen naar het winterkwartier zo lang mogelijk uit te stellen. Pas wanneer de nachttemperaturen te sterk dalen, ruimt u ze in.
Maak de planten eerst schoon, snoei ze terug en controleer ze op schadelijk gedierte. De minder gevoelige soorten, zoals **oleander**, **fuchsia**, **laurier** en sommige **citrusgewassen**, mogen nog een paar dagen langer van de herfstzon genieten.
Een aantal kuipplanten verdraagt ook een donkere overwintering in een koele kelder of vorstvrije ruimte.

Voordat ze worden binnengehaald, worden kuipplanten teruggesnoeid.

De meeste kuipplanten overwinteren echter idealiter bij temperaturen tussen 3 en 10 °C op een lichte plaats met matige vochtigheid.

Over het algemeen geldt voor de overwintering van kuipplanten en balkonbloemen het principe: hoe donkerder de overwintering, hoe koeler en droger ze moeten staan.

Niet iedere tuinier bezit echter zo'n ideaal overwinteringskwartier voor zijn kuipplanten.

Vorstbescherming voor kuipplanten

Winterharde heesters en vaste planten in kuipen hebben in de winter te lijden van sterke vorst, wanneer de plantvaten bevriezen.
Zet de planten daarom op een tegen de wind beschut plekje bij het huis en pak de kuipen en potten in een mantel van blad, stro of piepschuim in.

Hoe overwinteren kuipplanten?

Nederlandse naam	Botanische naam	Licht	Temperatuur	Vochtigheid	Opmerking
Anisodontea	*Anisodontea capensis*	licht	5–10 °C	droog	op witte vlieg letten
Struikmargriet	*Argyranthemum frutescens*	licht	5–10 °C	droog	
Bougainville	*Bougainvillea*-soorten	licht	2–10 °C	droog	
Datura	*Brugmansia*-soorten	licht of donker	5–10 °C	droog	bij binnenhalen niet te sterk terugsnoeien; in het donker koeler zetten
Cassia	*Cassia didymobotrya*	licht	10–15 °C	droog	
Sinaasappel, citroen	*Citrus*-soorten	licht of donker	5–15 °C	droog	droogte bevordert de bloemvorming
Koraalboom	*Erythrina cristagalli*	donker	2–10 °C	droog	van oktober tot april niet gieten
Vijg	*Ficus carica*	licht of donker	2–10 °C	droog	kan tot het uitlopen donker staan; uitgeplant tot -10 °C winterhard
Fuchsia	*Fuchsia*-variëteiten	licht	5–10 °C	matig	
Chinese roos	*Hibiscus rosa-sinensis*	licht	10–15 °C	matig	overwintering het beste in huis
Palisander	*Jacaranda mimosifolia*	licht of donker	10–15 °C	matig	in het donker koeler zetten
Verkleurboom	*Lantana camara*-variëteiten	licht	8–10 °C	matig	
Laurier	*Laurus nobilis*	licht of donker	2–6 °C	matig	in het donker koeler zetten
Mirte	*Myrtus communis*	licht	2–10 °C	matig	
Oleander	*Nerium oleander*	licht	2–10 °C	matig	licht bevordert bloemvorming
Geranium	*Pelargonium*-variëteiten	licht	5–10 °C	droog	
Dadelpalm	*Phoenix canariensis*	licht	5–10 °C	droog	bladeren met een sterk touw samenbinden
Loodkruid	*Plumbago auriculata*	licht of donker	5–10 °C	matig	
Gentiaanboom	*Solanum rantonnetii*	licht	5–10 °C	matig	koele overwintering bevordert de bloemvorming
Tibouchine	*Tibouchine urvilleana*	licht	5–15 °C	matig	houdt van zure grond, te laat terugsnoeien vertraagt de bloei
Henneppalm	*Trachycarpes fortunei*	licht	0–10 °C	droog	uitgeplant tot ca. -10 °C winterhard
Palmlelie	*Yucca elephantipes*	licht	5–10 °C	droog	

Als vorstbescherming voor kuipplanten zijn ook kokosmatten geschikt.

Balkonplanten laten overwinteren

Wilt u uw balkonplanten laten overwinteren, haal de bakken dan van de muur, knip de planten terug en zet ze in hun overwinteringskwartier. Dat loont bij *Acalypha*, **struikmargriet**, **winde**, **rolklaver**, **fuchsia**, **kaapaster**, knollen van **knolbegonia**. Geraniums willen in de winter eerder droog staan.

Herfstbloemen

De vakhandel biedt een rijk assortiment aan voor bloemenpracht in de herfst, waarbij de nadruk op bontbladige planten ligt (de zogenaamde structuurplanten). Roodbladige **zenegroen**, rood- en blauwgevlekte salie, zilverbladige **dovenetel** en **bijvoetsoorten** zijn heel goed te combineren met blauwe **herfstgentiaan**, geelbruine

Ook voor de herfsttooi bestaat een rijk assortiment balkonbloemen.

herfstchrysanten en de verschillende bloemkleuren van dopheide (*Erica*). Witgroen gestreepte zegge laat de gedempte herfstkleuren stralen.

Dahlia's en bloemriet laten overwinteren

Aangezien dahlia's pas met de korter wordende dagen knollen beginnen te vormen, wacht u met ze naar binnen te halen tot de scheuten na de eerste sterke vorst bevroren zijn. Is het zover, dan knipt u de scheuten van **dahlia's**, en ook **bloemriet**, tot op de grond af, steekt de wortelkluit uit en verwijdert slechts grof de aarde aan de kluit (uitschudden). De aarde die aan de wortels blijft zitten, dient als vochtleverancier. Laat ze in een koele, maar vorstvrije ruimte overwinteren.

Na de eerste vorst worden de dahliabollen gerooid.

Zomerbloemen weghalen

Haal de uitgebloeide zomerbloemen weg en vervang ze door tweejarige bloemen als **driekleurig viooltje**, **madeliefje** en **vergeet-mij-niet**. Bescherm nog braakliggende vlakken met een bedekking van afgevallen blad of grasmaaisel tegen het winterweer.

Herfstonderhoud in het vaste perk

De vaste perken krijgen een laatste onderhoudsbeurt. Verwijder het onkruid en zieke plantendelen. Maak de grond tussen de planten oppervlakkig los met een spitvork en laat hem met een mulchdekentje van grasmaaisel of blad aan zijn winterslaap beginnen.
Laat naast de nog bloeiende planten alle **grassen** en vruchtgroepen in de winter staan; zo vermijdt u de winterse saaiheid van leeggehaalde vaste perken en borders.

In de herfst stralen hoge grassoorten in volle schoonheid.

Bomen, heesters en rozen planten

Wanneer het blad afvalt, breekt de planttijd voor bomen, heesters en rozen aan. Tot de winter kunnen ze nog wortel schieten en ze ontwikkelen zich het volgende jaar sneller en krachtiger dan wanneer u ze in het voorjaar plant.
Vermijd een te sterke snoei bij bomen en heesters die in de herfst geplant zijn, omdat er anders gevaar van vorstschade bestaat. Snoei ze pas in het voorjaar terug tot op het aantal aanbevolen ogen en scheuten.

Vaste planten

Plant alleen nog aan het begin van de maand vaste planten, omdat ze bij sterke vorst al in november kunnen bevriezen en dan snel uitdrogen.

Moestuin

Laat de herfst- en wintergroenten zo lang mogelijk op hun bedden staan. Bescherm ze 's nachts met een vliesafdekking tegen sterke vorst.
Prei, die vooralsnog op het bed blijft staan, kunt u door flink aanaarden tegen sterke vorst beschermen.

Rabarber delen

Als de rabarberplant zijn bladeren begint in te trekken, kunnen grote exemplaren gedeeld en opnieuw in de tuin uitgeplant worden.
Knip de bladstelen vlak boven de grond af en graaf de wortelstokken met een grote kluit uit. Deel ze met stevige stoten met de spade. Let er daarbij op dat de deelstukken genoeg knoppen overhouden.
Maak de grond goed los en verrijk hem met wat compost. Plant de nieuwe rabarberplanten en mulch met gemaaid gras of herfstblad.

Wortelgroenten oogsten en opslaan

Vries **wortelpeterselie** en dergelijke na het oogsten keukenklaar in kleine porties in als soepgroente.

Wortelgroenten blijven het beste bewaard door inkuilen in een kist met zand, die dan in de garage of in de kelder komt te staan. Wonden van schorseneer worden vlug door melksap gesloten.
Controleer alle andere opgeslagen groenten daarentegen doorlopend en zorg ervoor dat u beschadigde plantendelen direct verwijdert.

Culturen in de broeibak

Kropsla, **andijvie** en **witlof** ontwikkelen zich sneller als u nu het raam op de broeibak legt en de bak alleen nog bij behoefte lucht.
Houd zoals in het voorjaar beschermende matten tegen sterke vorst bij de hand.

Nu de komkommers en tomaten uit de kas geruimd zijn, is er plaats voor **spinazie**, **veldsla** en **postelein**. Die kunnen in de onverwarmde kas ook nog gezaaid worden. Een afdekking met vlies zal hun ontwikkeling versnellen.
Lucht bij zonnig weer goed om schimmelziekten als grauwe schimmel te vermijden.
Warme broeibakken en kassen lokken **muizen** aan, die zich dan met de groenten volvreten. Tijdig vallen zetten brengt uitkomst voor dit probleem (zie blz. 84).

Kruiden voor de winter

Om later te forceren steekt u goed ontwikkelde bieslookplanten nu uit en pot ze op in grote bloempotten. U kunt de planten in de winter forceren in de keuken.
Vorstgevoelige kruiden, zoals **bernagie**, **dille**, **basilicum**, enz., worden geoogst, keukenklaar bereid en ingevroren.

Boomgaard

Oogst van late rassen

De fruitoogst is nog altijd in volle gang. Pluk ook bij de laatrijpende rassen alleen de goed gerijpte vruchten. De te verwachten vorst wordt door de vruchten goed verdragen, zodat u zich niet bovenmatig hoeft te haasten. Iedere dag dat fruit langer aan de bomen blijft zitten, vergroot de kwaliteit en houdbaarheid.

Beschadigde vruchten kunt u als vogelvoer aan de bomen laten zitten. Ook afgevallen vruchten bieden vele dieren nog een portie krachtvoer voor de lange, hongerige wintermaanden. Bewaar alleen vlekkeloze en gezonde vruchten. Let er daarbij op dat de vruchten niet op elkaar, maar slechts in één laag en met een kleine tussenruimte naast elkaar liggen. Voor de houdbaarheid van fruit is constante ventilatie doorslaggevend, zodat het door de vruchten geproduceerde drijfgas ethyleen wordt afgevoerd.

Oogst en opslag van belangrijke fruitsoorten

Soort	Plukrijp	Houdbaarheid	Opmerking
Appels			
'Alkmene'	middel	tot december	ook op zwakke en middelsterke onderstammen
'Ananasrenette'	laat	tot februari	goed aroma, robuust ras
'Berlepsch'	middel-laat	tot maart	zeer aromatisch, weinig bevattelijk voor schurft en meeldauw
'Boskoop'	laat	tot maart	goede bakappel, bloei loopt gevaar bij late vorst
'Brettacher'	laat	tot mei	houdt van warm klimaat, hoge opbrengst
'Elstar'	middel-laat	tot februari	zeer goede smaak, bevattelijk voor schurft
'Florina'	laat	tot december	fijn aroma
'Gloster'	laat	tot april	bevattelijk voor kanker/schurft
'Jakob Fischer'	vroeg	tot september	robuust, vroeg ras
'James Grieve'	vroeg	tot oktober	bevattelijk voor kanker en stip
'Ontario'	laat	tot april	goede opslagvrucht, fijn aroma
'Retina'	vroeg	tot september	vlak voor volle rijpheid oogsten, schurftresistent
Peren			
'Alexander Lucas'	laat	tot december	vroegbloeiend, rijke opbrengst
'Conference'	middel	niet houdbaar	ook voor rauwe standplaatsen, hoge opbrengst
'Frühe von Trévoux'	vroeg	niet houdbaar	ook voor rauwe standplaatsen
'Gellerts Butterbirne'	middel	niet houdbaar	ook voor rauwe standplaatsen
'Contesse de Paris'	laat	tot januari	eetrijp na 6-8 weken, vroegbloeiend, warmteminnend
'Kostliche von Charneu'	middel-laat	4-6 weken	ook voor ruigere standplaatsen, bevattelijk voor schurft, robuust
'Madame verte'	laat	tot januari	eetrijp vanaf december, robuust
'Williams Christ'	vroeg-middel	niet houdbaar	goed voor jeneverbereiding

Vruchtbomen planten

Er is nog altijd voldoende tijd om nieuwe vruchtbomen te planten. Ga te werk zoals beschreven op blz. 118. Snoei ook vruchtbomen nu slechts provisorisch, want de eigenlijke plantsnoei volgt pas het volgende voorjaar.

Lijmringen aanbrengen

Preventief worden nu lijmringen tegen **vorstspanners** op de stammen van vruchtbomen aangebracht. Verwijder eerst met een staalborstel alle losse delen van de schors. Bind daarna de papierstroken met draad zo vast, dat er geen tussenruimte tussen de lijmring en de schors ontstaat. De lijmringen zijn kant-en-klaar bestreken in de handel verkrijgbaar.

Lijmringen beschermen fruitbomen tegen de rondzwervende vorstspanners.

November

Bodem en compost

Aarde bestaat voor ongeveer 25% uit lucht, 25% uit water, 45% uit mineralen en 5% uit organische bestanddelen.

Een gezonde bodem is een gecompliceerd organisme en vergt liefdevol onderhoud.

Het gezond houden van de grond verzekert de tuinier van grote opbrengsten en veel plezier aan gezonde planten in de tuin. Het belangrijkste middel voor het vergroten en bewaren van de bodemvruchtbaarheid is een uitvoerig grondonderhoud met een zinvolle bewerking op het juiste tijdstip.

Een grote vruchtbaarheid van de bodem ontstaat door het optimale samenspel van de natuurkundige, scheikundige en biologische eigenschappen van de grond. Water- en luchthuishouding, structuur en kleur zijn natuurkundige eigenschappen, pH-waarde en gehalten aan voedingsstoffen de belangrijkste scheikundige, en de in de bodem levende organismen bepalen de biologische eigenschappen.

Grondsoorten

Uitgaande van verschillende ondergrondgesteenten en onder verschillende klimatologische omstandigheden zijn in de loop der tijd uiteenlopende grondsoorten ontstaan uit verweerd gesteente, met als belangrijkste daaronder klei-, sloef- en zandgrond. In een natuurlijke bodem komen ze in alle lagen in verschillende samenstelling voor. Van leem spreken we bij ongeveer gelijke aandelen klei, sloef en zand.

Op deze grondsoorten is met de juiste methoden goede en zeer goede tuingrond op te bouwen. Daarvoor is het belangrijk om het 'organisme' grond te kennen.

Humus

Voor de tuinier is het **organische grondaandeel** uiterst belangrijk. Het bestaat voor het grootste deel uit humus (ca. 85 %) en daarnaast plantenwortels (ca. 10 %) en (ca. 5 %) bodemorganismen, zoals mijten, bacteriën, insecten, schimmels, algen, regenwormen en vele meer.

Grondonderhoud en -werkzaamheden streven in essentie niets anders dan het verbeteren of instandhouden van de levenscondities voor deze in de grond levende organismen na. Grondflora en -fauna bewerkstelligen dat plantenresten en andere organische stoffen worden omgezet in voedingsstoffen

Zand, compost en steenmeel zijn belangrijke hulpstoffen voor de bodem.

die opgenomen kunnen worden door planten (de zogenaamde mineralisatie) en in de zo waardevolle humus (humuficatie). Daarvoor hebben de planten zuurstof nodig, die ze als CO_2 uitademen.

Naast een voldoende aanbod aan voedingsstoffen is de luchtvoorziening derhalve heel belangrijk voor de bodemorganismen.

De pH-waarde

Een niet onbelangrijke rol in de bodemontwikkeling speelt de pH-waarde. Ze is de maat voor de activiteit van waterstofionen in de grond.

Naast de beschikbaarheid van de diverse voedingsstoffen beïnvloedt de pH-waarde ook de humusvorming en de ontwikkeling van sommige ziekten (knolvoet).

Grond kan als zuur, neutraal of alkalisch geclassificeerd worden. Voor ons tuiniers geldt dat lichte, humeuze grond een pH-waarde van 5,5 en zware leem- en kleigrond een pH-waarde rond 6,5 zou moeten hebben. Af en toe testen bij de grondanalyse is raadzaam. Giften met turf of zuurwerkende minerale meststoffen, zoals zwavelzure ammoniak, verlagen de pH-waarde. Kalk en kalkhoudende mest en ook hard gietwater verhogen de pH-waarde.

Het verhogen van de pH-waarde is gemakkelijker dan het verlagen ervan. Daarom mogen kalkgiften uitsluitend na meting van de pH-waarde volgen.

Van kruimvorming naar rijpheid van de bodem

Het soortenspectrum van bodemorganismen verandert heel sterk evenredig aan de diepte, aangezien de verschillende soorten zich aan een gewijzigde bodemvochtigheid, zuurstofgehalte en warmte aangepast hebben en onder telkens specifieke condities hun optimum vinden. Losse, kruimelige grond beantwoordt het beste aan deze verschillende eisen.

Door gepaste grondbewerking en bemesting kunnen we de vorming van een kruimige structuur bevorderen. Een duurzaam stabiele kruimstructuur ontstaat echter alleen door zogenoemde kalkbruggen bij voldoende kalktoevoer (grondonderzoek!) en de activiteit van bodemorganismen in de vorm

De regenworm draagt een belangrijk steentje bij aan de vorming van humus.

van slijmafscheidingen en doorwoekering met schimmeldraden. Heeft de grond een ideale toestand bereikt, dan spreken we van **rijpe grond**.

Grondbewerking

De verschillende methoden van grondbewerking zijn in twee groepen te verdelen: de kerende en de losmakende technieken. **Kerende grondbewerking**, zoals omspitten en ploegen, waarbij het onderste naar boven wordt gehaald, zijn alleen bij zeer zware grond en ook dan nog uitsluitend aan het begin van de bebouwing zinvol. Traditioneel worden deze onderhoudsmaatregelen in de herfst uitgevoerd. Het daarmee beoogde openbreken van grove bodemschollen eindigt in de regel in de volledige vernietiging van de belangrijke grondkruimelstructuur. De bodemorganismen worden gedood en de nog aanwezige voedingsstoffen spoelen in de ondergrond weg.

Aanzienlijk sparender is het **oppervlakkig losmaken van de grond** direct voorafgaande aan een nieuwe bebouwing. Als oogstresten, groenbemesting, compost en mestgiften de grond moeten verbeteren, dan mogen ze niet te diep in de grond komen – maximaal 15 cm – aangezien in de diepere lagen te weinig zuurstof voor omzetting aanwezig is. Bij voldoende zware grondverhoudingen kan dat ook in de herfst gebeuren, bij lichte, zandig-humeuze grond pas in het voorjaar.

Iedere vorm van grondbewerking, vooral met machines, mag alleen bij ideale bodemvochtigheid gebeuren. Een te natte grond verkleeft en vormt klompen, een te droge grond verbrokkelt. Vele jaren intensief werk kunnen, als u niet goed oplet, door één verkeerde ingreep teniet worden gedaan.

De grondhak is een onontbeerlijk stuk tuingereedschap voor het losmaken, maar niet voor het keren van de grond.

De grond op sparende wijze **diep losmaken** doet u het beste met een cultivator of grondhak. De **grondhak** is een stevig handwerktuig, terwijl de **cultivator** door een tractor getrokken moet worden en dus alleen voor grote stukken land zinvol is. Het gebruik van de cultivator verdient aanbeveling op grond bij nieuwbouw, waar de ondergrond door de zware bouwmachines sterk verdicht is. Als de grond voldoende diep wordt losgemaakt, vormen planten veel wortels en ontsluiten ze daarmee diepergelegen water- en voedingsstofvoorraden. Op blz. 137 vindt u meer over het juiste grondbewerkingsgereedschap.

Ter voorbereiding van een plant- of zaaibed volstaat ondiep graven met de spitvork of licht hakken. Het bed of perk kan het beste geëgaliseerd worden met een houten hark.

Mulchen

Is door grondbewerking eenmaal een kruimelige bodem ontstaan, dan moet u ernaar

Tip

Een **mulchbedekking** of opgeschoten **groenbemesting** beschermt de tuin tegen extreem winterweer. Vochtig blijvende grond mag alleen met een dunne mulchlaag afgedekt worden. Ook compostgiften zouden altijd met mulch afgedekt moeten worden.

streven die ook op lange termijn zo te houden. Een permanente bodembedekking door begroeiing of mulch komt overeen met de natuurlijke bodemtoestand en houdt de kruimelige structuur in stand. Zelfs lichte begroeiing met onkruid is beter dan een kale grond. Laat de teelt het toe, dan zou direct na het planten een mulchlaag aangebracht moeten worden.
In de vakhandel is ook papiermulch te koop. Dit is crêpepapier met op verschillende afstanden voorgestanste plantgaten. Het gemakkelijke gebruik maakt het tot een ideale tuinhulp. Na een cultuurperiode kan het papier ondergegraven of gecomposteerd worden.
Tussenzaaien met een klein blijvende klaversoort sluit de open grond heel snel bij de hoofdgroenteculturen, die lange tijd nodig hebben om hem met hun grote bladeren te beschaduwen. Een dunne laag grasmaaisel (tot 3 cm) is eveneens een uitstekende mulch.

Groenbemesting

Wanneer bedden afgeoogst zijn, kan een opvolgende cultuur als veldsla of spinazie de vrijgekomen vlakken snel weer bedekken. Zijn er nog meer vlakken vrij, dan valt een groenbemesting als bodembedekking aan te bevelen. Neem de **groenbemesting** op in de vruchtwisseling. Of anders gezegd, u mag geen twee plantensoorten van dezelfde familie elkaar laten opvolgen.
Diepwortelende groenbemestingsplanten zijn de kruisbloemigen rammenas, mosterd- en raapzaad. Ze mogen niet voor en na kool en rettich, eveneens kruisbloemigen, geteeld worden. Veldbonen, klaversoorten, velderwten, wikke en lupine zijn **vlinderbloemigen** zoals bonen en erwten. *Phacelia*, een bijenplant, is heel geschikt, omdat geen enkele bij ons geteelde groente ermee verwant is. Voor een nieuw aan te leggen tuin kan ook een mix van verschillende groenbemestingsplanten bijdragen aan het activeren van het bodemleven. Het is raadzaam om daarvoor eenjarige, niet winterharde soorten te nemen.
Werk de groenbemesting al vóór de bloei in de grond in om verwilderen te voorkomen. Is er nog genoeg tijd, dan kan er een tweede regel gezaaid worden. Niet vergeten: ook groenbemestingsplanten hebben bemesting nodig.

Turf en turfvervangers

Turf is noch als mulchmateriaal noch als bodemverbeteraar geschikt. Behalve in veenperken en -borders zou in de tuin indien mogelijk van turf afgezien moeten worden.
Meerjarig gecomposteerde schorshumus kan turf heel goed vervangen; de grovere bestanddelen ervan vergroten de luchttoevoer en helpen zo de structuur van de bodem op peil te houden.
Ruwe schors direct uit het bos of de zagerij is als mulchmateriaal alleen geschikt voor oudere bomen en heesters, want de harsen en looistoffen zijn schadelijk voor de meeste tuinplanten.

Compostcontainers

Verschillende fabrikanten bieden compostcontainers aan. Denk er bij hun gebruik aan door grof compostmateriaal laagsgewijs voor voldoende beluchting te zorgen. Bentonietmeel slaat de vrijkomende zuurstof op.
Compostbakken sparen ruimte, terwijl er zich door het contact met de moederbodem gemakkelijker bodemorganismen in vestigen.
Al na enkele maanden kan compost als rauwe humus gemest worden. Na verschillende keren omzetten ontstaat waardevolle **rijpe compost**, die voor grondbemesting en als toevoe-

Er zijn compostcontainers in alle soorten en maten te koop. Welke er gekocht wordt, hangt af van de beschikbare ruimte.

ging aan verschillende aardemengsels gebruikt kan worden. De verantwoordelijke tuinier mijdt compost van onbekende herkomst en met onbekende of dubieuze stoffen in zijn tuin. Compost van openbare composteringsbedrijven bevatten vaak zware metalen, met name zuiveringsslibcompost.

Grasmaaisel moet gelijkmatig verdeeld worden over de composthoop.

Hoe composteert u?

Belangrijk is dat het compostgoed bij het inbrengen in de grond en tijdens de compostering goed vermengd wordt. Een laag van goed rottend materiaal als heg- of grasafval vormt de basis en zorgt voor voldoende luchttoevoer. Daarop volgen afwisselend enkele lagen compostmateriaal. Enkele ca. 5 cm dikke lagen tuinaarde tussendoor versnellen het verteringsproces. De hoop zou niet breder dan 1,5-2 meter en niet hoger dan 1-1,5 meter mogen worden. Heeft de hoop zijn maximale omvang bereikt, dan dekt u hem af met aarde, stro of grasmaaisel. Geschikte schaduwgevers zijn pompoen en courgette, die op de composthoop gezet worden.

Vleesafval en botten, houtas, papierafval, zieke plantendelen, wortelonkruiden, spijsoliën en -vetten, sinaasappel- en mandarijnschillen horen allemaal niet op de composthoop.

Tips uit de praktijk

Als de composthoop hoofdzakelijk uit houtig materiaal bestaat, moet er een zwakke bemesting met hoornmeel volgen.

- Fijngemalen mineraal meel verhoogt de gehaltes aan sporenelementen.
- Geef de composthoop in jaren dat het erg droog is af en toe water.
- Wees voorzichtig met kalkgiften; kalkstikstof is een stof die niet op de composthoop thuishoort!
- Een- tot tweemaal omzetten per jaar versnelt het verteren en zorgt voor optimale compostering.
- Komen van de composthoop onaangename geuren af, dan is de hoop door zuurstofgebrek gaan gisten. Dan helpt alleen nog omzetten met toevoeging van bentonietmeel en droog materiaal voor beluchting.
- Bijzonder fijn verkleind kruidig compostmateriaal heeft toereikend lucht nodig. Daarom wordt het als dunne laag gelijkmatig over de hoop verdeeld.

Wat te doen in november

Met de eerste natte sneeuw en toenemende, sterkere (grond)vorst stemt herfstmaand november ons op de rustige winterperiode af. De dagen worden korter, en na gedane tuinarbeid lokt de warme woonkamer.

Groenblijvende bomen en heesters hebben te lijden onder de winterzon. Geschikte beschutting bieden vlies-, riet- en kokosmatten.

Siertuin

Laatste gazononderhoud voor de winter

Maai in november het gazon voor de laatste keer van het jaar. U krijgt daarbij nieuw mulchmateriaal om open grondvlakken mee te bedekken.
Verwijder alle bladeren van het gazon en gebruik ze eveneens om te mulchen of te composteren.

Rijp stemt ons op de beschouwelijke adventstijd af.

Laatste plantmogelijkheid

Bij open grond kunnen er nog bomen en heesters, hegplanten en rozen geplant worden. Voor vaste planten is het nu te laat. Sla ze in de kweekbak op en plant ze in het voorjaar.
Voor de sterke vorst moeten ook de laatste bloembollen de grond in. Voor een mooie bloei moeten ze nog krachtig wortel kunnen schieten.
Nu is het ook de hoogste tijd om de waterkraan en automatische beregeningsinstallatie af te sluiten en leeg te laten lopen – een werkje dat altijd weer vergeten wordt en tot uiterst onaangename schade aan leidingen kan voeren. Waterleidingen lopen gemakkelijk haarscheurtjes op, die pas in het voorjaar ontdekt worden. Laat de kranen na het ontwateren van de leidingen open.

Voor winterbescherming zorgen

Groenblijvende bomen en heesters
Vooral groenblijvende planten en heesters, zoals **rododendron** en **laurierkers**, kunnen door de winterzon al snel droogteschade lijden.
Aangezien de bomen en heesters op milde dagen assimileren en daardoor water gebruiken, geeft u ze meermaals flink water. Bescherm ze losjes met dennentakken of tuinvlies.
Zet vliesdoeken goed vast, zodat ze niet kunnen loswaaien. Volstaat het gebruikelijke vastzetten met bakstenen of hoopjes aarde niet, dan spant u touwen over het vlies en verankert ze met tentharingen.

Rotstuinplanten

Ook alpiene vaste planten in de rotstuin en op de stapelmuur zijn blij met bescherming tegen de winterzon. Op hun natuurlijke standplaatsen worden ze door grote sneeuwhopen tegen vorst en zon beschermd. Bescherm kwetsbare alpenplanten met een kweekbakraam of plexiglas tegen de winterse neerslag.
Tuinvlies beschermt de planten tegen grote temperatuurschommelingen en daardoor tegen het gevreesde uitwinteren bij kale vorst. Onder uitwinteren verstaat de vakman snel, oppervlakkig ontdooien van sterk bevroren plantendelen door de ochtendzon. Een zachte sneeuwdeken beschermt de planten daar al betrouwbaar tegen. Zorg behalve voor bescherming tegen koude ook voor schaduw; dat is altijd eenvoudig te realiseren.

Een dikke loofmantel beschermt het slechts beperkt winterharde pampasgras.

Rozen winterklaar maken

Knip bij rozen te lange, storende loten iets terug, laat alle andere staan. Ondiep geplante rozen moeten aangeaard worden. Een dikke bedekking van herfstblad of verteerde mest beschermt eveneens tegen winterse koude.

Hoogstammen laten overwinteren

Aangezien bij hoogstamrozen de kroonveredeling zich boven de grond bevindt, moeten ze speciaal behandeld worden om geen winterschade op te lopen.
Nog jonge hoogstamrozen kunt u ombuigen en op de grond leggen. Bedek de veredelingsplaats bij de kroonbasis met enkele scheppen aarde. Rozenstammen mogen alleen boven de veredelingsplaats omgebogen worden, niet tegengesteld, omdat anders het gevaar bestaat dat de veredelingsplaats scheurt en afbreekt. Oudere rozenhoogstammen mogen niet meer omgebogen worden; hun stam is al te stijf. Bescherm ze tegen koude met een dikke bundel stro rond de veredelingsplaats en bind die vast aan de steunpaal.
Is het nog niet gebeurd, dan maakt u nu de vaste perken en borders winterklaar (zie blz. 122).

Bescherming van pampasgras

Pampasgras vraagt om aparte maatregelen. Het is dikwijls onvoldoende winterhard. Trek de bos bladeren omhoog en bind hem als een haarknotje samen. Steek van opzij een dikke wrong van blad onder de bladeren. Bind als extra bescherming een stromat als hoed over de 'bladerenknot'. Dat isoleert niet alleen extra, maar ook regenwater wordt er zijwaarts door afgevoerd.
Net als pampagras lopen ook enkele andere vaste planten groot gevaar in natte winters. In de catalogi staat dat aangegeven met een daksymbool. **Tuinchrysant, steppekaars** (*Eremurus*), **paalriet** (*Arundo donax*) en gevuldbloeiende **struikmargrieten** horen daartoe. Houd daar bij het planten al rekening mee. Ze vinden hun ideale standplaats onder de beschutting tegen regen van een huismuur of balkon.

Winterbescherming in de tuinvijver

Waterlelies zijn gevoelig voor koude en daarom haalt u ze nu uit de tuinvijver en laat ze in plastic emmers of teilen overwinteren in de kelder.
Laat afgestorven **riet** en **bies** gedurende de winter in de vijver staan. De hoge stengels fungeren als rietjes en voorzien de dieren in de vijver ook bij een dikke ijslaag van zuurstof.

Bladeren verwijderen

Vis regelmatig de erin gevallen bladeren uit de vijver, omdat ze

Een hoop bladeren is een ideaal overwinteringsplekje voor kleine dieren.

de vijver verrijken met voedingsstoffen die de algengroei bespoedigen. Is het blad al naar de vijverbodem gezonken, dan is het nog maar moeilijk te verwijderen zonder grotere schade aan te richten.
Zorg ervoor dat u dergelijke schoonmaakmaatregelen uitsluitend laat in het voorjaar onderneemt vóór het nieuwe uitlopen van de waterplanten teneinde het fragiele ecosysteem van een kleine tuinvijver niet te verstoren.
Op z'n laatst nu denkt u aan kleine dieren en insecten en zorgt voor veilige gepaste overwinteringsmogelijkheden. Een stapel rijshout, deels met blad bedekt, is een uitnodigend overwinteringskwartier voor egels, hagedissen en allerhande nuttige insecten. Wanneer we ons in de zomer verheugen over hun nuttige diensten, bieden we ze natuurlijk ook in de winter onderdak.

Moestuin

Groenten oogsten en opslaan

Het wordt nu tijd om de laatste groenten op de volle grond te oogsten.
Laat samen met een mulchlaag het oogstafval als groenbemesting op de groentebedden liggen of composteer het op de composthoop.

Opslag

Met nog wat vrije ruimte in de kweekbak of kas kunt u daar **prei, Chinese kool** en **witlof** opslaan. Voor de rest zijn veel groenten goed in te vriezen, een zeer sparende conserveermethode, waarbij de groenten hun versheid en vitaminen bewaren. Bescherm ze anders met een vliesafdekking, die u langs de randen verzwaart met aarde. U kunt ook met hoepels, die u in bogen over de bedbreedte in de grond steekt, kleine tunnels bouwen en die bespannen met vlies of gaatjesfolie.
Ook in het voorjaar verlenen de hoepels goede diensten als raamwerk onder kleine folietunnels bij het vervroegen van de groenten.

Groenten inkuilen in de aardhoop

Een oude beproefde opslagmogelijkheid voor **kool-** en **wortelgroenten** is inkuilen. Graaf daartoe een kweekbak diep uit

Kool- en wortelgroente blijft in de aardhoop vers.

en sla daarin, ingebed in een dikke laag stro en afgedekt met aarde, de groenten op. Vanzelfsprekend verwijdert u voor het inkuilen alle beschadigde plantendelen.

Witlof forceren

Steek witlofwortels uit de grond, verwijder het blad en sla ze dicht naast elkaar op in kisten. Zet ze, om de planten te forceren, in een koele, donkere ruimte en geef fiks water. Witlof is oogstrijp wanneer de spruiten een doorsnede van ca. 3 cm en een hoogte van ca. 10 cm bereikt hebben. Geschikt voor forceren zijn o.a. de rassen 'Monitor', 'Totem' en 'Salsa'. Voor forceren onder een afdekking met aarde is het ras 'Brussels Witlof' geschikt.

Boerenkool blijft in de koude grond!

Boerenkool blijft zonder bescherming op het bed; hij ontwikkelt pas na inwerking van vorst zijn typische smaak.
Veldsla, **spinazie** en **postelein** groeien ook bij lage temperaturen verder. Verwijder om de zoveel tijd afgestorven plantendelen en onkruid. Bescherm de planten met vlies tegen te strenge vorst.

In de kas

Ook **kropsla** en **andijvie** in de kweekbak of kas dekt u met vlies af. Dan kunt u ook bij sterke vorst oogsten.
Door de hoge luchtvochtigheid bij nat weer slaat al vlug **grauwe schimmel** toe. Lucht daarom op zonnige dagen uitvoerig en giet de groenten in de kas slechts spaarzaam.

Oogstafval composteren

Bij de oogst van diverse groenten blijft nu een grotere hoeveelheid oogstafval over, die u op de composthoop kunt deponeren. Heel belangrijk daarbij is dat u het compostmateriaal gelijkmatig vermengt op de composthoop. Voor het waarborgen van voldoende ventilatie van de hoop moet u zachte, kruidachtige plantendelen telkens afwisselen met harder, houtig tuinafval.
Ook de composthop is dankbaar voor een winterjasje. Dek hem af met een laag afgevallen blad of stro. Maak daarbij geen onderscheid tussen een vers opgezette en al verteerde composthoop.

Boomgaard

De fruitopslag controleren

Vochtige en koude lucht is ideaal voor fruitopslag. Zet op vorstvrije dagen ramen en deuren lang open. Verwijder bij de regelmatige controle rottende vruchten (zie blz. 124).
Op open grond kunnen in november nog altijd fruitbomen en bessenstruiken geplant worden.

Steunpalen testen

Hebben de pas geplante fruitbomen nog geen steunpaal, dan wordt het nu toch de hoogste tijd.
Controleer meteen de palen en het bindmateriaal van eerder geplante bomen.
Mulch voordat de winter begint de boomvlakken nogmaals met blad of grasmaaisel.

Bescherming tegen wildvraat

Bescherm bessenstruiken en jonge bomen indien nodig tegen wildvraat door kunststofmanchetten of gaas rond de stam aan te brengen.

December

Tuinieren met plezier begint met goed gereedschap 136

Siertuin 140

Moestuin 140

Boomgaard 141

Tuinieren met plezier begint met goed gereedschap

Uiteenlopende zagen en hiep, plamuurmes en boomwas zijn belangrijke gereedschappen voor de bomensnoei. Eer goede schaar heeft de tuinier heel het jaar door nodig.

Tuingereedschap verlicht het werk voor de tuinier. Daarom moet het met kennis van zaken gekocht en goed onderhouden worden. Vaak benodigde werktuigen als spades, scharen, messen, spitvorken en kruiwagens moeten betrouwbaar werken. Het tuingereedschap bestaat merendeels uit handwerktuigen; daarom moet u bij de aanschaf rekening houden met de lichaamslengte, handomvang en armlengte van de tuinier.

Spades en spitvorken

Zet spades en spitvorken (of grepen) naast u op de grond. Als u met verticaal gestrekte onderarm exact bij het handvat komt, heeft de steel de juiste lengte. Er zijn T-, D- en knophandvatten; voor welk u kiest, is een kwestie van persoonlijke smaak. Het wijdst verbreid is de T-greep. Hij ligt goed in de hand en kan op verschillende manieren vastgepakt worden; de kracht van de handen wordt er gemakkelijk mee overgedragen.

De steel zou van essenhout moeten zijn. Het spadeblad, altijd van gesmeed staal, heeft in de regel een schacht met twee tongen. De steel past er zo beter op. Een platte bovenkant van het blad spaart de zolen van de werkschoenen. Steel en blad zijn samen geklonken. Breekt de spitvork- of spadesteel af, dan moet hij gerepareerd worden door een smid. Spades en spitvorken zijn ook verkrijgbaar van roestvrijstaal met onbreekbaar handvat – maar die zijn wel duurder.

Tuinscharen en -messen

De tuinschaar is een heel vaak gebruikt werktuig. Kwaliteitsscharen zijn van gesmeed staal of aluminium en hebben verwisselbare schaarbladen. Vastgeschroefde schaarbladen gaan heel gemakkelijk los zitten; duurder, maar aanmerkelijk beter zijn geklonken schaarbladen. Om ze schoon te maken en te slijpen moeten scharen gemakkelijk te demonteren zijn. Ook moet een precieze treksnede ingesteld kunnen worden.
Scharen met verlengde benen van hout of gesmeed aluminium worden takkenscharen genoemd. Daarmee kunnen ook dikkere twijgen en takken worden afgeknipt.
Tuinmessen zijn eenzijdig geslepen en bezitten een stalen lemmet en een handvat van hardhout of kunststof. Het is belangrijk dat het lemmet onbeweeglijk vastzit.

Kruiwagens

Kruiwagens zijn belangrijke transportmiddelen in de tuin. Er zijn uitvoeringen met een of twee wielen. De éénwielige wagens zijn handiger en mobieler. Bij dit type rust echter relatief veel gewicht op de handvatten en moet het gewicht gedragen worden. Er is keus uit wagens met een smalle, hoge kuip en met een brede, minder diepe kuip. De kuipinhoud bedraagt in de regel 80-100 liter. Verzinkte kuipen en onderstellen zijn roestbestendig. Op een effen ondergrond kunnen kruiwagens met rubberen banden gebruikt worden, op een ongelijke bodem zijn luchtbanden beter (maar die kunnen weer lek gaan).

Werkkleding

De persoonlijke bescherming bij normale tuinwerkzaamheden bestaat uit handschoenen, nauwsluitende, doelmatige werkkleding en, voor sommige karweitjes heel belangrijk, werkschoenen met stalen neuzen.

Ander gereedschap

Andere, minder gebruikte handwerktuigen zijn de **schoffel** voor onkruidbestrijding, de **grondhak** om de grond dieper los te maken (zie blz. 128) en de **hak** voor grove bodembewerking. **Pikhouweel** en **koevoet** zijn nodig voor grove tuin- of stenen- en keienkarweitjes, met **handwoeleggen** en **cultivators** wordt de grond oppervlakkig losgemaakt. Een **houten hark** is ideaal voor het egaliseren van zaaibedden en plantperken, maar ook voor het vergaren van gemaaid gras, hooi en hegafval.
Voor het planten is een **rijentrekker** handig. Een heg snoeit u met een hand- of elektrische **hegschaar**.
Tuinslang en **broes**, **spuitpistool** of **sproeier** verlichten het vaak veel tijd kostende water geven aanmerkelijk. Voor kleinere tuinen volstaat een slang- en armaturendiameter van 1/2 duim; bij groter watergebruik is een doorsnede van 3/4 duim zinvol. Met kunststofkoppelstukken moet u voorzichtig omspringen, koperen koppelstukken gaan levenslang mee en zijn ook tegen grotere belasting

Bij de aanschaf van gereedschap dient u op een goede kwaliteit te letten, want dan gebruikt u het ook graag.

bestand. Als de koppelstukken gaan lekken, moet de pakking vervangen worden. Tuiniers met weinig tijd kunnen de aanschaf van een **automatisch gietsysteem** overwegen. Vooral bij balkonbloemen en kuipplanten verricht het waardevolle diensten. Trek genoeg tijd uit om het systeem af te stellen, want voor een optimale afstemming op de gegeven omstandigheden en het daaruit volgende betrouwbare functioneren van het systeem moet er enkele keren proefgedraaid worden.

Klein handgereedschap

Kleine handwerktuigen zijn de **plantschoffel** met gesmeed blad, de **pootstok**, de **handhak** voor het voorzichtig losmaken van grond en de **takkenzaag** met verstelbaar zaagblad. Een **plantsnoer** kunt u gemakkelijk zelf maken door vliegertouw aan beide uiteinden aan ronde stokken vast te maken en het snoer gekruist op een van beide stokken op te rollen.

Motorgereedschap

De aanschaf van een tuinfrees of versnipperaar vraagt een aanzienlijk grotere investering. Aangezien deze apparaten slechts zelden gebruikt worden, is gezamenlijk aanschaffen met andere tuiniers zinvol. **Tuinfrezen** bezitten een twee- of viertaktbenzinemotor. Tweetaktfrezen zijn vaak lichter en goedkoper; ze worden aangedreven

Veilig omgaan met de tuinfrees vraagt enige oefening.

door een mengsel van benzine en olie. Een capaciteit van 3-5 pk volstaat. Een tuinfrees zou een aandrijfwiel of aandrijfas moeten hebben. Frezen zonder aandrijfwiel zijn voor steil windasgebruik ontwikkeld en in de normale kleine tuin volstrekt nutteloos. Kleinere modellen zijn met hakmessen uitgerust, grotere met geveerde tanden. Ga altijd met de grootste voorzichtigheid met een frees om!
Compostversnipperaars zijn alleen zinnig wanneer de tuin veel houtafval geeft. Let bij de aanschaf op een voldoende capaciteit en bedrijfsveiligheid.
Voor de bescherming van planten is soms een **spuit** nodig. Drukspuiten van metaal of kunststof werken uitstekend en zijn verkrijgbaar met een reservoir van 5 of 10 liter.

Kweekgereedschap en -hulpmiddelen

Vooral voor het opkweken van jonge planten zijn **zaai- en verspeenbakken** en **multipotbladen** heel geschikt. Bakken en containers met glad oppervlak zijn ook zonder 'harde chemie' goed schoon te maken. Let bij de aanschaf op de duurzaamheid en ook of het materiaal recyclebaar is. Turfpotten zijn bij de vakhandel verkrijgbaar. Het kunststofnetje blijft ook bij verdere cultuur om de kluit. Sterft de jonge plant af in de turfpot, dan gooit u het zonder netje op de composthoop. Turfpotten en andere teelaarde mogen slechts éénmaal gebruikt worden.
Vliesdoek beschermt planten tegen extreme temperaturen. Ze zijn uitstekend geschikt voor vervroeging in het voorjaar en oogstuitstel in het najaar. Vers geplante planten kunnen met een vliesafdekking tegen te sterke zon beschermd worden. Zijn de jonge planten opgegroeid, dan verwijdert u het vlies echter bijtijds om oververhitting te vermijden.
Sinds enige tijd zijn er **tomaatbuizen** van vlies in de handel te koop, die probleemloos over tomaatplanten gestulpt kunnen worden.
Vliesdoek wordt geclassificeerd naar zijn specifieke gewicht. Voor de tuin is 17 g het geschiktst. Vlies is gevoelig voor UV-straling en moet daarom donker bewaard worden.

Winters gereedschap-onderhoud

Gereedschappen en hulpmiddelen verlichten het tuinwerk voor ons. Opdat ze altijd betrouwbaar werken, is deskundig onderhoud nochtans essentieel. Na een grondige schoonmaak aan het eind van het seizoen is het nu de gepaste tijd voor de nodige onderhoudswerkzaamheden en kleine reparaties, want goed onderhouden gereedschap garandeert licht en bovenal veilig werken.

Wrijf handgereedschap als **spade, handschoffel, spitvork**, enz. na het schoonmaken in met een oliedoek en bewaar ze droog in de schuur of garage. **Loszittende stelen** zwellen na een lang waterbad en zitten dan weer vast. Haal **tuinscharen** uit elkaar, maak ze schoon en vervang eventueel beschadigde of afgebroken schaarbladen. Stel bij de montage de treksnede exact af.

Deskundig onderhoud houdt gereedschap in goede staat.

Stekmessen moeten vlijmscherp zijn om bij het knippen van plantendelen geen weefsels te beschadigen. Slijp ze aan één kant met een fijnkorrelige slijpsteen onder water of olie. Er bestaan verschillende lemmetvormen voor uiteenlopende doeleinden.

Laat alle apparatuur voor bewatering, zoals **pompen, slangen, sproeikoppen**, leeglopen en sla, indien mogelijk, de pompen vorstvrij op. Sluit niet vorstvrij aangelegde waterleidingen af en laat ze leeglopen. Lege gieters bewaart u op hun kop. Kunststofgieters zijn gevoelig voor UV-stralingen en worden daarom het beste in de schuur bewaard.

Vloeistoffen als **spuitmiddelen** en **meststoffen** moeten vorstvrij opgeslagen worden.

Maak **spuiten** schoon met actieve koolstof en controleer of armaturen en schroefverbindingen niet lekken en vervang ze eventueel. Voor spuiten van goede kwaliteit zijn alle reserveonderdelen en pakkingen via de handel verkrijgbaar. Bij drukspuiten sluit de kolfpakking heel snel het luchtpompje af. Demonteer daarom het pompje, leg de nieuwe pakking erin en vet hem licht in. De pomp zal daarna weer snel en gemakkelijk de volle arbeidsdruk opbouwen.

Maak **kruiwagens** eveneens grondig schoon en kiep ze daarna omhoog om het wiel te ontlasten. Een regelmatig gesmeerde wielas verlicht bovendien het transport.

Tuinmessen worden aan één zijde geslepen met een zachte slijpsteen.

Machines met benzinemotor, zoals grasmaaiers, frezen, enz., vragen speciaal onderhoud. Maak de vlotterkamer van de carburator leeg, omdat benzine in de winter water opneemt en de fijne sproeiers in de carburator kunnen verkalken. De tank zou bij viertaktmotoren met brandstof gevuld, bij tweetaktmotoren leeggemaakt moeten worden. Een gereinigd of nieuw luchtfilter verlaagt het brandstofgebruik.

Bij gazonmaaiers kunt u nu de messen een uitvoerige onderhoudsbeurt geven.

Ook de ketting van de motorzaag wordt nu opnieuw afgesteld. Maak ook koelcompressor en -ribben schoon om oververhitting tijdens bedrijf te vermijden.

Als de reparaties uw handigheid en technisch vernuft te boven gaan, brengt u het gereedschap weg naar een professionele werkplaats.

Wat te doen in december

Eigenlijk hebben we nog weinig zin om in de tuin te werken. De adventstijd neemt ons in beslag en we verheugen ons op de rustige en beschouwelijke kerstdagen. De lange avonden geven ons de tijd om over het afgelopen jaar na te denken en onze tuinnotities aandachtig te bestuderen. Nu kunnen we ons ook uitvoerig in tuinboeken verdiepen.

Siertuin

Laatste verzorgingskarweitjes

Afhankelijk van het weer zouden tegen het midden van de maand alle verzorgingswerkzaamheden afgesloten moeten zijn. Maak waterbassins en terracottapotten leeg en zet ze hoog weg, laat tuinslangen leeglopen en ruim ze op, sluit waterleidingen af en maak ze leeg – het zijn nu belangrijke maatregelen.

Ook het laatste blad is nu afgevallen. Verdeel het nog eens over de bedden en perken of bedek er de composthoop mee. Vergewis u er met een laatste inspectieronde van dat vlies- en folieafdekkingen stormbestendig vastzitten.

Ook winterharde planten in kuipen en bakken hebben extra winterbescherming nodig. Pak ze in een laag loof of stro in.

Bij open, dus nog niet bevroren grond kunt u nog altijd bomen en heesters planten.

Wintertakken snijden

Ondanks de winterstemming groet de aanstaande lente u al weer, wanneer u na de eerste vorst wintertakken snijdt en binnenhaalt. Forsythia- en kersentakken ontwikkelen zich uitstekend, wanneer u na het afsnijden voorzichtig met een hamer op de snijplaatsen slaat en ze daarna in warm suikerwater (0,5 kg suiker op 10 l water) zet.

Dwergmispels zijn zeer begeerd vogelvoer.

Moestuin

Vers bieslook

Zet in de herfst in potten geplante bieslookplanten in een lichte, koele ruimte om ze te forceren.

Al na enkele dagen zullen de planten smakelijk, vers groen ontwikkelen.

Witlof forceren

Voor het snel opkweken van witlof zet u om de twee weken een houten kist met ingekuilde witlofwortels in een warme en donkere ruimte. Vergeet vooral niet de planten flink water te geven.

Lekker – boterham met verse tuinkers.

Op vorstvrije dagen kan de ingekuilde groente uitgegraven worden. Controleer meteen de conditie van de opgeslagen groente en verwijder rottende plantendelen. Sluit de kuil weer. Broeibak en kas oefenen dikwijls een magische aantrekkingskracht op muizen uit. Zet om grotere schade te vermijden vallen met chocoladepasta als lokaas uit (zie blz. 84).

Verse tuinkers

Tuinkers kiemt binnen luttele dagen op een vochtig keukenpapier. Leg daartoe een of twee lagen op een vlakke schaal. Maak de stukken papier goed nat en zaai daarop het kerszaad dicht uit.
Tijdens het kiemingsproces mag het keukenpapier niet uitdrogen.

Boomgaard

Laatste verzorgingskarweitjes

Op een open bodem kunnen altijd nog fruitbomen en bessenstruiken geplant worden.
Mocht het op dit ogenblik nog niet gebeurd zijn, controleer dan steunpalen en bindmateriaal van oudere bomen en struiken (zie blz. 119).

Fruitopslag controleren

Controleer opgeslagen fruit regelmatig op rotte plekken; gooi door *Monilia* en andere ziekten aangetaste vruchten op de composthoop.
Rijpende appels scheiden het drijfgas ethyleen uit. Hoopt dit gas zich op in de opslagruimte, dan leidt dat weer tot een versnelde rijping van andere fruit- en groentesoorten, wat de houdbaarheid van de voorraad sterk kan verkorten. Sla bijvoorbeeld nooit appels en aardappels samen op, aangezien de laatste dan uitlopen.
Door uitvoerig ventileren op vorstvrije dagen komt er frisse lucht binnen en ontsnapt het ethyleen.

De stammen kalken

Kalk de stammen van fruitbomen om te vermijden dat er vorstscheuren ontstaan. Maak de stam eerst schoon met een staalborstel en verwijder alle loszittende stukjes schors. Kalk de stam daarna met een schilderpenseel.
Bij mild weer kunt u al de eerste entrijzen snijden. Sla ze tot het voorjaar op in een kist met vochtig zand.

Vruchtmummies verwijderen

Inspecteer de fruitbomen secuur op uitgedroogde vruchtmummies. U kunt ze het beste met het huisvuil meegeven, want ze bevatten meestal ziekteverwekkers, die niet op de composthoop thuishoren. Vruchten die aan de bomen en struiken zijn blijven hangen, dienen daarentegen vele dieren tot voedsel.

Aangeslagen of rottend fruit wordt meteen uit de fruitopslag verwijderd.

Register

Paginacijfers met een * verwijzen naar afbeeldingen.

Illustratieverantwoording

Baumjohann: 11, 25ol, 25or, 32b, 32o, 37, 42, 44bl, 44br, 64, 79b
Bieker: 8o
Borstell: 1, 2/3, 33o, 35, 5obl, 56, 6ob, 75b, 75o, 77b, 93, 97o, 99, 100, 102b, 105, 106, 109, 111, 116, 135
Borstell/Rhulenhof: 6oo
Bühl: 9ob
GBA/GPL: 47, 84, 90o
GBA/Noun: 52or, 65, 68, 107b, 139
GBA/Wothe: 63o
Kämpfe: 8
MaeDia: 66
Pforr: 1obl, 1obr, 16, 38, 73, 83, 89, 91, 92o, 95, 96, 97o, 127o, 133b
Redeleit: 5, 14b, 15b, 15o, 26, 36, 57, 59, 61, 62, 63b, 71, 76, 77o, 81, 88l, 88r, 92b, 98, 102, 107o, 114, 124, 138
Reinhard: 6/7, 14o, 18, 23br, 23o, 30, 31or, 39, 41, 45, 67o, 78, 79o, 82, 87, 103, 104, 117, 12or, 121, 122r, 125, 128, 13ob, 133o, 136, 140, 141b
Reithmeier: 28b
Ruckszio: 17, 53, 55, 131o, 132
Sammer: 23bl, 24, 28o, 52l, 67b, 119, 141o
Seidl: 33l, 40, 49, 70, 101b, 122l
Stork: 4, 12, 86, 113, 126, 127b, 13ob, 13oo, 137
Strauß: 31ol, 50or, 54, 69, 110, 118l, 118r, 12oo, 122m
Sulzberger: 48b, 48o
Thinschmidt: 25or/inzet, 29, 74, 94, 139b

Tekeningen: Heidi Janicek, behalve blz. 22

We bedanken de Rhulenhof voor het mogen fotograferen van de kuipplantengroep op blz. 60 onderaan.

Title of the original German edition: *Gartenfreude rund ums Jahr* (Hans Martin Schmidt)

Deze uitgave door: Deltas, België-Nederland.
Nederlandse vertaling: Hajo Geurink
D-MMIII-0001-499
Gedrukt in de EU
NUR 424